最新法律文件解读丛书

行政与执行法律文件解读

总第 165 辑(2018.9)

最新法律文件解读丛书编选组　编

人民法院出版社

图书在版编目(CIP)数据

行政与执行法律文件解读．总第165辑/最新法律文件解读丛书编选组编．—北京:人民法院出版社,2018.12
(最新法律文件解读丛书)
ISBN 978-7-5109-2351-7

Ⅰ.①行…　Ⅱ.①最…　Ⅲ.①行政法-法律解释-中国
Ⅳ.①D922.105

中国版本图书馆CIP数据核字(2018)第282295号

行政与执行法律文件解读·总第165辑
最新法律文件解读丛书编选组　编

责任编辑　张　奎
出版发行　人民法院出版社
地　　址　北京市东城区东交民巷27号　邮编　100745
电　　话　(010)67550673(责任编辑)　67550558(发行部查询)
65223677(读者服务部)
客服QQ　2092078039
网　　址　http://www.courtbook.com.cn
E-mail　courtbook@sina.com
印　　刷　三河市国英印务有限公司
经　　销　新华书店
开　　本　787×1092毫米　1/16
字　　数　140千字
印　　张　8
版　　次　2018年12月第1版　2018年12月第1次印刷
书　　号　ISBN 978-7-5109-2351-7
定　　价　22.00元

卷首语

2018年8月31日，第十三届全国人民代表大会常务委员会第五次会议审议通过了《中华人民共和国电子商务法》(以下简称电子商务法)。电子商务法文本共七章89条，主要就电子商务经营者、电子商务合同的订立与履行、电子商务争议解决与电子商务促进和法律责任这五部分作了规定。旨在保障电子商务各方主体的合法权益，规范电子商务行为，维护市场秩序，促进电子商务持续健康发展。

为进一步完善公证债权文书执行程序，充分发挥赋强公证在纠纷预防方面的功能，2018年6月25日最高人民法院审判委员会第1743次会议通过了《最高人民法院关于公证债权文书执行若干问题的规定》。该司法解释旨在进一步规范人民法院办理公证债权文书执行案件，确保公证债权文书依法执行，维护当事人、利害关系人的合法权益。

为规范互联网法院诉讼活动，保护当事人及其他诉讼参与人合法权益，2018年9月3日最高人民法院审判委员会第1747次会议审议通过了《最高人民法院关于互联网法院审理案件若干问题的规定》。该司法解释旨在明确互联网法院案件管辖范围，规范互联网法院诉讼活动，健全、完善互联网审判特点的诉讼规则，保护当事人及其他诉讼参与人合法权益。

《最新法律文件解读》丛书

编　辑　部

目　录

[法律、法律性文件与解读]

中华人民共和国电子商务法

（2018年8月31日第十三届全国人民代表大会常务委员会第五次会议通过）

目 录

第一章 总 则

第一条 为了保障电子商务各方主体的合法权益，规范电子商务行为，维护市场秩序，促进电子商务持续健康发展，制定本法。

第二条 中华人民共和国境内的电子商务活动，适用本法。

本法所称电子商务，是指通过互联网等信息网络销售商品或者提供服务的经营活动。

法律、行政法规对销售商品或者提供服务有规定的，适用其规定。金融类产品和服务，利用信息网络提供新闻信息、音视频节目、出版以及文化产品等内容方面的服务，不适用本法。

第三条 国家鼓励发展电子商务新业态，创新商业模式，促进电子商务技术研发和推广应用，推进电子商务诚信体系建设，营造有利于电子商务创新发展的市场环境，充分发挥电子商务在推动高质量发展、满足人民日益增长的美好生活需要、构建开放型经济方面的重要作用。

第四条 国家平等对待线上线下商务活动，促进线上线下融合发展，各级人民政府和有关部门不得采取歧视性的政策措施，不得滥用行政权力排除、限制市场竞争。

第五条 电子商务经营者从事经营活动，应当遵循自愿、平等、公平、诚信的原则，遵守法律和商业道德，公平参与市场竞争，履行消费者权益保护、环境保护、知识产权保护、网络安全与个人信息保护等方面的义务，承担产品和服务质量责任，接受政府和社会的监督。

第六条 国务院有关部门按照职责分工负责电子商务发展促进、监督管理等工作。县级以上地方各级人民政府可以根据本行政区域的实际情况，确定本行政区域内电子商务的部门职责划分。

第七条 国家建立符合电子商务特点的协同管理体系，推动形成有关部门、电子商务行业组织、电子商务经营者、消费者等共同参与的电子商务市场治理体系。

第八条 电子商务行业组织按照本组织章程开展行业自律，建立健全行业规范，推动行业诚信建设，监督、引导本行业经营者公平参与市场竞争。

第二章 电子商务经营者

第一节 一般规定

第九条 本法所称电子商务经营者，是指通过互联网等信息网络从事销售商品或者提供服务的经营活动的自然人、法人和非法人组织，包括电子商务平台经营者、平台内经营者以及通过自建网站、其他网络服务销售商品或者提供服务的电子商务经营者。

本法所称电子商务平台经营者，是指在电子商务中为交易双方或者多方提供网络经营场所、交易撮合、信息发布等服务，供交易双方或者多方独立开展交易活动的法人或者非法人组织。

本法所称平台内经营者，是指通过电子商务平台销售商品或者提供服务的电子商务经营者。

第十条 电子商务经营者应当依法办理市场主体登记。但是，个人销售自产农副产品、家庭手工业产品，个人利用自己的技能从事依法无须取得许可的便民劳务活动和零星小额交易活动，以及依照法律、行政法规不需要进行登记的除外。

第十一条 电子商务经营者应当依法履行纳税义务，并依法享受税收优惠。

依照前条规定不需要办理市场主体登记的电子商务经营者在首次纳税义务发生后，应当依照税收征收管理法律、行政法规的规定申请办理税务登记，并如实申报纳税。

第十二条 电子商务经营者从事经营活动，依法需要取得相关行政许可的，应当依法取得行政许可。

第十三条 电子商务经营者销售的商品或者提供的服务应当符合保障人身、财产安全的要求和环境保护要求，不得销售或者提供法律、行政法规禁止交易的商品或者服务。

第十四条 电子商务经营者销售商品或者提供服务应当依法出具纸质发票或者电子发票等购货凭证或者服务单据。电子发票与纸质发票具有同等法律效力。

第十五条 电子商务经营者应当在其首页显著位置，持续公示营业执照信息、与其经营业务有关的行政许可信息、属于依照本法第十条规定的不需要办理市场主体登记情形等信息，或者上述信息的链接标识。

前款规定的信息发生变更的，电子商务经营者应当及时更新公示信息。

第十六条 电子商务经营者自行终止从事电子商务的，应当提前三十日在首页显著位置持续公示有关信息。

第十七条 电子商务经营者应当全面、真实、准确、及时地披露商品或者服务信息，保障消费者的知情权和选择权。电子商务经营者不得以虚构交易、编造用户评价等方式进行虚假或者引人误解的商业宣传，欺骗、误导消费者。

第十八条 电子商务经营者根据消费者的兴趣爱好、消费习惯等特征向其提供商品或者服务的搜索结果的，应当同时向该消费者提供不针对其个人特征的选项，尊重和平等保护消费者合法权益。

电子商务经营者向消费者发送广告的，应当遵守《中华人民共和国广告法》的有关规定。

第十九条 电子商务经营者搭售商品或者服务，应当以显著方式提请消费者注意，不得将搭售商品或者服务作为默认同意的选项。

第二十条 电子商务经营者应当按照承诺或者与消费者约定的方式、时限向消费者交付商品或者服务，并承担商品运输中的风险和责任。但是，消费者另行选择快递物流服务提供者的除外。

第二十一条 电子商务经营者按照约定向消费者收取押金的，应当明示押金退还的方式、程序，不得对押金退还设置不合理条件。消费者申请退还押金，符合押金退还条件的，电子商务经营者应当及时退还。

第二十二条 电子商务经营者因其技术优势、用户数量、对相关行业的控制能力以及其他经营者对该电子商务经营者在交易上的依赖程度等因素而具有市场支配地位的，不得滥用市场支配地位，排除、限制竞争。

第二十三条 电子商务经营者收集、使用其用户的个人信息，应当遵守法律、行政法规有关个人信息保护的规定。

第二十四条 电子商务经营者应当明示用户信息查询、更正、删除以及用户注销的方式、程序，不得对用户信息查询、更正、删除以及用户注销设置不合理条件。

电子商务经营者收到用户信息查询或者更正、删除的申请的，应当在核实身份后及时提供查询或者更正、删除用户信息。用户注销的，电子商务经营者应当立即删除该用户的信息；依照法律、行政法规的规定或者双方约定保存的，依照其规定。

第二十五条 有关主管部门依照法律、行政法规的规定要求电子商务经营者提供有关电子商务数据信息的，电子商务经营者应当提供。有关主管部门应当采取必要措施保护电子商务经营者提供的数据信息的安全，并对其中的个人信息、隐私和商业秘密严格保密，不得泄露、出售或者非法向他人提供。

第二十六条 电子商务经营者从事跨境电子商务，应当遵守进出口监督管理的法律、行政法规和国家有关规定。

第二节 电子商务平台经营者

第二十七条 电子商务平台经营者应当要求申请进入平台销售商品或者提供服务的经营者提交其身份、地址、联系方式、行政许可等真实信息，进行核验、登记，建立登记档案，并定期核验更新。

电子商务平台经营者为进入平台销售商品或者提供服务的非经营用户提供服务，应当遵守本节有关规定。

第二十八条 电子商务平台经营者应当按照规定向市场监督管理部门报送平台内经营者的身份信息，提示未办理市场主体登记的经营者依法办理登记，并配合市场监督管理部门，针对电子商务的特点，为应当办理市场主体登记的经营者办理登记提供便利。

电子商务平台经营者应当依照税收征收管理法律、行政法规的规定，向税务部门报送平台内经营者的身份信息和与纳税有关的信息，并应当提示依照本法第十条规定不需要办理市场主体登记的电子商务经营者依照本法第十一条第二款的规定办理税务登记。

第二十九条 电子商务平台经营者发现平台内的商品或者服务信息存在违反本法第十二条、第十三条规定情形的，应当依法采取必要的处置措施，并向有关主管部门报告。

第三十条 电子商务平台经营者应当采取技术措施和其他必要措施保证其网络安全、稳定运行，防范网络违法犯罪活动，有效应对网络安全事件，保障电子商务交易安全。

电子商务平台经营者应当制定网络安全事件应急预案，发生网络安全事件时，应当立即启动应急预案，采取相应的补救措施，并向有关主管部门报告。

第三十一条 电子商务平台经营者应当记录、保存平台上发布的商品和服务信息、交易信息，并确保信息的完整性、保密性、可用性。商品和服务信息、交易信息保存时间自交易完成之日起不少于三年；法律、行政法规另有规定的，依照其规定。

第三十二条 电子商务平台经营者应当遵循公开、公平、公正的原则，制定平台服务协议和交易规则，明确进入和退出平台、商品和服务质量保障、消费者权益保护、个人信息保护等方面的权利和义务。

第三十三条 电子商务平台经营者应当在其首页显著位置持续公示平台服

务协议和交易规则信息或者上述信息的链接标识，并保证经营者和消费者能够便利、完整地阅览和下载。

第三十四条 电子商务平台经营者修改平台服务协议和交易规则，应当在其首页显著位置公开征求意见，采取合理措施确保有关各方能够及时充分表达意见。修改内容应当至少在实施前七日予以公示。

平台内经营者不接受修改内容，要求退出平台的，电子商务平台经营者不得阻止，并按照修改前的服务协议和交易规则承担相关责任。

第三十五条 电子商务平台经营者不得利用服务协议、交易规则以及技术等手段，对平台内经营者在平台内的交易、交易价格以及与其他经营者的交易等进行不合理限制或者附加不合理条件，或者向平台内经营者收取不合理费用。

第三十六条 电子商务平台经营者依据平台服务协议和交易规则对平台内经营者违反法律、法规的行为实施警示、暂停或者终止服务等措施的，应当及时公示。

第三十七条 电子商务平台经营者在其平台上开展自营业务的，应当以显著方式区分标记自营业务和平台内经营者开展的业务，不得误导消费者。

电子商务平台经营者对其标记为自营的业务依法承担商品销售者或者服务提供者的民事责任。

第三十八条 电子商务平台经营者知道或者应当知道平台内经营者销售的商品或者提供的服务不符合保障人身、财产安全的要求，或者有其他侵害消费者合法权益行为，未采取必要措施的，依法与该平台内经营者承担连带责任。

对关系消费者生命健康的商品或者服务，电子商务平台经营者对平台内经营者的资质资格未尽到审核义务，或者对消费者未尽到安全保障义务，造成消费者损害的，依法承担相应的责任。

第三十九条 电子商务平台经营者应当建立健全信用评价制度，公示信用评价规则，为消费者提供对平台内销售的商品或者提供的服务进行评价的途径。

电子商务平台经营者不得删除消费者对其平台内销售的商品或者提供的服务的评价。

第四十条 电子商务平台经营者应当根据商品或者服务的价格、销量、信用等以多种方式向消费者显示商品或者服务的搜索结果；对于竞价排名的商品或者服务，应当显著标明“广告”。

第四十一条 电子商务平台经营者应当建立知识产权保护规则，与知识产权权利人加强合作，依法保护知识产权。

第四十二条 知识产权权利人认为其知识产权受到侵害的，有权通知电子商务平台经营者采取删除、屏蔽、断开链接、终止交易和服务等必要措施。通知应当包括构成侵权的初步证据。

电子商务平台经营者接到通知后，应当及时采取必要措施，并将该通知转送平台内经营者；未及时采取必要措施的，对损害的扩大部分与平台内经营者承担连带责任。

因通知错误造成平台内经营者损害的，依法承担民事责任。恶意发出错误通知，造成平台内经营者损失的，加倍承担赔偿责任。

第四十三条 平台内经营者接到转送的通知后，可以向电子商务平台经营者提交不存在侵权行为的声明。声明应当包括不存在侵权行为的初步证据。

电子商务平台经营者接到声明后，应当将该声明转送发出通知的知识产权权利人，并告知其可以向有关主管部门投诉或者向人民法院起诉。电子商务平台经营者在转送声明到达知识产权权利人后十五日内，未收到权利人已经投诉或者起诉通知的，应当及时终止所采取的措施。

第四十四条 电子商务平台经营者应当及时公示收到的本法第四十二条、第四十三条规定的通知、声明及处理结果。

第四十五条 电子商务平台经营者知道或者应当知道平台内经营者侵犯知识产权的，应当采取删除、屏蔽、断开链接、终止交易和服务等必要措施；未采取必要措施的，与侵权人承担连带责任。

第四十六条 除本法第九条第二款规定的服务外，电子商务平台经营者可以按照平台服务协议和交易规则，为经营者之间的电子商务提供仓储、物流、支付结算、交收等服务。电子商务平台经营者为经营者之间的电子商务提供服务，应当遵守法律、行政法规和国家有关规定，不得采取集中竞价、做市商等集中交易方式进行交易，不得进行标准化合约交易。

第三章 电子商务合同的订立与履行

第四十七条 电子商务当事人订立和履行合同，适用本章和《中华人民共和国民法总则》《中华人民共和国合同法》《中华人民共和国电子签名法》等法律的规定。

第四十八条 电子商务当事人使用自动信息系统订立或者履行合同的行为对使用该系统的当事人具有法律效力。

在电子商务中推定当事人具有相应的民事行为能力。但是，有相反证据足以推翻的除外。

第四十九条 电子商务经营者发布的商品或者服务信息符合要约条件的，用户选择该商品或者服务并提交订单成功，合同成立。当事人另有约定的，从其约定。

电子商务经营者不得以格式条款等方式约定消费者支付价款后合同不成立；格式条款等含有该内容的，其内容无效。

第五十条 电子商务经营者应当清晰、全面、明确地告知用户订立合同的步骤、注意事项、下载方法等事项，并保证用户能够便利、完整地阅览和下载。

电子商务经营者应当保证用户在提交订单前可以更正输入错误。

第五十一条 合同标的为交付商品并采用快递物流方式交付的，收货人签收时间为交付时间。合同标的为提供服务的，生成的电子凭证或者实物凭证中载明的时间为交付时间；前述凭证没有载明时间或者载明时间与实际提供服务时间不一致的，实际提供服务的时间为交付时间。

合同标的为采用在线传输方式交付的，合同标的进入对方当事人指定的特定系统并且能够检索识别的时间为交付时间。

合同当事人对交付方式、交付时间另有约定的，从其约定。

第五十二条 电子商务当事人可以约定采用快递物流方式交付商品。

快递物流服务提供者为电子商务提供快递物流服务，应当遵守法律、行政法规，并应当符合承诺的服务规范和时限。快递物流服务提供者在交付商品时，应当提示收货人当面查验；交由他人代收的，应当经收货人同意。

快递物流服务提供者应当按照规定使用环保包装材料，实现包装材料的减量化和再利用。

快递物流服务提供者在提供快递物流服务的同时，可以接受电子商务经营者的委托提供代收货款服务。

第五十三条 电子商务当事人可以约定采用电子支付方式支付价款。

电子支付服务提供者为电子商务提供电子支付服务，应当遵守国家规定，告知用户电子支付服务的功能、使用方法、注意事项、相关风险和收费标准等事项，不得附加不合理交易条件。电子支付服务提供者应当确保电子支付指令的完整性、一致性、可跟踪稽核和不可篡改。

电子支付服务提供者应当向用户免费提供对账服务以及最近三年的交易记录。

第五十四条 电子支付服务提供者提供电子支付服务不符合国家有关支付安全管理要求，造成用户损失的，应当承担赔偿责任。

第五十五条 用户在发出支付指令前，应当核对支付指令所包含的金额、收款人等完整信息。

支付指令发生错误的，电子支付服务提供者应当及时查找原因，并采取相关措施予以纠正。造成用户损失的，电子支付服务提供者应当承担赔偿责任，但能够证明支付错误非自身原因造成的除外。

第五十六条 电子支付服务提供者完成电子支付后，应当及时准确地向用户提供符合约定方式的确认支付的信息。

第五十七条 用户应当妥善保管交易密码、电子签名数据等安全工具。用户发现安全工具遗失、被盗用或者未经授权的支付的，应当及时通知电子支付服务提供者。

未经授权的支付造成的损失，由电子支付服务提供者承担；电子支付服务提供者能够证明未经授权的支付是因用户的过错造成的，不承担责任。

电子支付服务提供者发现支付指令未经授权，或者收到用户支付指令未经授权的通知时，应当立即采取措施防止损失扩大。电子支付服务提供者未及时采取措施导致损失扩大的，对损失扩大部分承担责任。

第四章　电子商务争议解决

第五十八条 国家鼓励电子商务平台经营者建立有利于电子商务发展和消费者权益保护的商品、服务质量担保机制。

电子商务平台经营者与平台内经营者协议设立消费者权益保证金的，双方应当就消费者权益保证金的提取数额、管理、使用和退还办法等作出明确约定。

消费者要求电子商务平台经营者承担先行赔偿责任以及电子商务平台经营者赔偿后向平台内经营者的追偿，适用《中华人民共和国消费者权益保护法》的有关规定。

第五十九条 电子商务经营者应当建立便捷、有效的投诉、举报机制，公开投诉、举报方式等信息，及时受理并处理投诉、举报。

第六十条 电子商务争议可以通过协商和解，请求消费者组织、行业协会或者其他依法成立的调解组织调解，向有关部门投诉，提请仲裁，或者提起诉讼等方式解决。

第六十一条 消费者在电子商务平台购买商品或者接受服务，与平台内经营者发生争议时，电子商务平台经营者应当积极协助消费者维护合法权益。

第六十二条 在电子商务争议处理中，电子商务经营者应当提供原始合同和交易记录。因电子商务经营者丢失、伪造、篡改、销毁、隐匿或者拒绝提供前述资料，致使人民法院、仲裁机构或者有关机关无法查明事实的，电子商务经营者应当承担相应的法律责任。

第六十三条 电子商务平台经营者可以建立争议在线解决机制，制定并公示争议解决规则，根据自愿原则，公平、公正地解决当事人的争议。

第五章 电子商务促进

第六十四条 国务院和省、自治区、直辖市人民政府应当将电子商务发展纳入国民经济和社会发展规划，制定科学合理的产业政策，促进电子商务创新发展。

第六十五条 国务院和县级以上地方人民政府及其有关部门应当采取措施，支持、推动绿色包装、仓储、运输，促进电子商务绿色发展。

第六十六条 国家推动电子商务基础设施和物流网络建设，完善电子商务统计制度，加强电子商务标准体系建设。

第六十七条 国家推动电子商务在国民经济各个领域的应用，支持电子商务与各产业融合发展。

第六十八条 国家促进农业生产、加工、流通等环节的互联网技术应用，鼓励各类社会资源加强合作，促进农村电子商务发展，发挥电子商务在精准扶贫中的作用。

第六十九条 国家维护电子商务交易安全，保护电子商务用户信息，鼓励电子商务数据开发应用，保障电子商务数据依法有序自由流动。

国家采取措施推动建立公共数据共享机制，促进电子商务经营者依法利用公共数据。

第七十条 国家支持依法设立的信用评价机构开展电子商务信用评价，向社会提供电子商务信用评价服务。

第七十一条 国家促进跨境电子商务发展，建立健全适应跨境电子商务特点的海关、税收、进出境检验检疫、支付结算等管理制度，提高跨境电子商务各环节便利化水平，支持跨境电子商务平台经营者等为跨境电子商务提供仓储物流、报关、报检等服务。

国家支持小型微型企业从事跨境电子商务。

第七十二条 国家进出口管理部门应当推进跨境电子商务海关申报、纳税、检验检疫等环节的综合服务和监管体系建设，优化监管流程，推动实现信息共享、监管互认、执法互助，提高跨境电子商务服务和监管效率。跨境电子商务经营者可以凭电子单证向国家进出口管理部门办理有关手续。

第七十三条 国家推动建立与不同国家、地区之间跨境电子商务的交流合作，参与电子商务国际规则的制定，促进电子签名、电子身份等国际互认。

国家推动建立与不同国家、地区之间的跨境电子商务争议解决机制。

第六章　法律责任

第七十四条 电子商务经营者销售商品或者提供服务，不履行合同义务或者履行合同义务不符合约定，或者造成他人损害的，依法承担民事责任。

第七十五条 电子商务经营者违反本法第十二条、第十三条规定，未取得相关行政许可从事经营活动，或者销售、提供法律、行政法规禁止交易的商品、服务，或者不履行本法第二十五条规定的信息提供义务，电子商务平台经营者违反本法第四十六条规定，采取集中交易方式进行交易，或者进行标准化合约交易的，依照有关法律、行政法规的规定处罚。

第七十六条 电子商务经营者违反本法规定，有下列行为之一的，由市场监督管理部门责令限期改正，可以处一万元以下的罚款，对其中的电子商务平台经营者，依照本法第八十一条第一款的规定处罚：

（一）未在首页显著位置公示营业执照信息、行政许可信息、属于不需要办理市场主体登记情形等信息，或者上述信息的链接标识的；

（二）未在首页显著位置持续公示终止电子商务的有关信息的；

（三）未明示用户信息查询、更正、删除以及用户注销的方式、程序，或者对用户信息查询、更正、删除以及用户注销设置不合理条件的。

电子商务平台经营者对违反前款规定的平台内经营者未采取必要措施的，由市场监督管理部门责令限期改正，可以处二万元以上十万元以下的罚款。

第七十七条 电子商务经营者违反本法第十八条第一款规定提供搜索结果，或者违反本法第十九条规定搭售商品、服务的，由市场监督管理部门责令限期改正，没收违法所得，可以并处五万元以上二十万元以下的罚款；情节严重的，并处二十万元以上五十万元以下的罚款。

第七十八条 电子商务经营者违反本法第二十一条规定，未向消费者明示押金退还的方式、程序，对押金退还设置不合理条件，或者不及时退还押金的，由有关主管部门责令限期改正，可以处五万元以上二十万元以下的罚款；情节严重的，处二十万元以上五十万元以下的罚款。

第七十九条 电子商务经营者违反法律、行政法规有关个人信息保护的规定，或者不履行本法第三十条和有关法律、行政法规规定的网络安全保障义务的，依照《中华人民共和国网络安全法》等法律、行政法规的规定处罚。

第八十条 电子商务平台经营者有下列行为之一的，由有关主管部门责令限期改正；逾期不改正的，处二万元以上十万元以下的罚款；情节严重的，责令停业整顿，并处十万元以上五十万元以下的罚款：

（一）不履行本法第二十七条规定的核验、登记义务的；

（二）不按照本法第二十八条规定向市场监督管理部门、税务部门报送有关信息的；

（三）不按照本法第二十九条规定对违法情形采取必要的处置措施，或者未向有关主管部门报告的；

（四）不履行本法第三十一条规定的商品和服务信息、交易信息保存义务的。

法律、行政法规对前款规定的违法行为的处罚另有规定的，依照其规定。

第八十一条 电子商务平台经营者违反本法规定，有下列行为之一的，由市场监督管理部门责令限期改正，可以处二万元以上十万元以下的罚款；情节严重的，处十万元以上五十万元以下的罚款：

（一）未在首页显著位置持续公示平台服务协议、交易规则信息或者上述信息的链接标识的；

（二）修改交易规则未在首页显著位置公开征求意见，未按照规定的时间提前公示修改内容，或者阻止平台内经营者退出的；

（三）未以显著方式区分标记自营业务和平台内经营者开展的业务的；

（四）未为消费者提供对平台内销售的商品或者提供的服务进行评价的途径，或者擅自删除消费者的评价的。

电子商务平台经营者违反本法第四十条规定，对竞价排名的商品或者服务未显著标明“广告”的，依照《中华人民共和国广告法》的规定处罚。

第八十二条 电子商务平台经营者违反本法第三十五条规定，对平台内经营者在平台内的交易、交易价格或者与其他经营者的交易等进行不合理限制或者附加不合理条件，或者向平台内经营者收取不合理费用的，由市场监督管理部门责令限期改正，可以处五万元以上五十万元以下的罚款；情节严重的，处五十万元以上二百万元以下的罚款。

第八十三条 电子商务平台经营者违反本法第三十八条规定，对平台内经营者侵害消费者合法权益行为未采取必要措施，或者对平台内经营者未尽到资质资格审核义务，或者对消费者未尽到安全保障义务的，由市场监督管理部门责令限期改正，可以处五万元以上五十万元以下的罚款；情节严重的，责令停业整顿，并处五十万元以上二百万元以下的罚款。

第八十四条 电子商务平台经营者违反本法第四十二条、第四十五条规定，对平台内经营者实施侵犯知识产权行为未依法采取必要措施的，由有关知识产权行政部门责令限期改正；逾期不改正的，处五万元以上五十万元以下的罚款；情节严重的，处五十万元以上二百万元以下的罚款。

第八十五条 电子商务经营者违反本法规定，销售的商品或者提供的服务不符合保障人身、财产安全的要求，实施虚假或者引人误解的商业宣传等不正当竞争行为，滥用市场支配地位，或者实施侵犯知识产权、侵害消费者权益等行为的，依照有关法律的规定处罚。

第八十六条 电子商务经营者有本法规定的违法行为的，依照有关法律、行政法规的规定记入信用档案，并予以公示。

第八十七条 依法负有电子商务监督管理职责的部门的工作人员，玩忽职守、滥用职权、徇私舞弊，或者泄露、出售或者非法向他人提供在履行职责中所知悉的个人信息、隐私和商业秘密的，依法追究法律责任。

第八十八条 违反本法规定，构成违反治安管理行为的，依法给予治安管理处罚；构成犯罪的，依法追究刑事责任。

第七章 附 则

第八十九条 本法自2019年1月1日起施行。

全国人民代表大会宪法和法律委员会

关于《中华人民共和国电子商务法（草案）》修改情况的汇报

——2018年6月19日在十三届全国人大常委会第三次会议上

全国人大宪法和法律委员会副主任委员 丛 斌

全国人民代表大会常务委员会：

近年来，我国电子商务迅猛发展，对推进供给侧结构性改革、激发社会创新创业活力、满足人民日益增长的美好生活需要发挥了重要作用。中国已成为世界领先的电子商务市场，积累了丰富的创新发展经验。为了进一步支持、促进电子商务发展，维护市场秩序，保障电子商务各方主体的合法权益，十二届全国人大财政经济委员会在深入调研、广泛征求意见的基础上组织起草了电子商务法（草案），于2016年12月提请十二届全国人大常委会第二十五次会议进行了初次审议；2017年10月十二届全国人大常委会第三十次会议对草案进行了再次审议。十二届全国人大法律委员会、常委会法制工作委员会通过多种方式广泛征求意见，先后两次将草案印发各省（区、市）人大和中央有关部门征求意见，两次公布草案向社会征求意见，通过召开座谈会、到一些地方调研等方式，听取了国内各类主要电子商务企业的意见；召开专题会议，听取中央有关部门、主要电商平台企业和专家对自然人经营者登记等问题的意见。

在草案起草和审议修改过程中，注重把握以下几点：一是，坚持党中央提出的“创新是引领发展的第一动力”的要求，充分发挥立法的引领和推动作用，保障并支持电子商务创新发展；二是，遵循规范经营与促进发展并重的思路，针对电子商务活动的特点和实践中反映的突出问题，聚焦于规范电子商务经营者特别是平台经营者，对其义务与责任作出规定，以更好地保证交易安全，保护用户和消费者权益，维护市场秩序；三是，按照“鼓励创新、包容审慎”原则，对有关方面认识尚不一致、还看不准的问题，仅作原则规定或不作规定；四是，处理好与有关民事法律和行政管理法律的关系，对现行法律已有明确规定的，不再作重复规定。

根据上述思路，草案二次审议稿规定了如下主要内容：第一，明确本法的适用范围，限于我国境内的电子商务活动；将电子商务经营者分为平台经营者、平台内经营者、自建网站经营者；同时，考虑到一些行业和领域的特殊性，规定涉及金融类产品和服务、利用信息网络播放音视频节目、网络出版以及互联网文化产品等内容方面的服务，不适用本法。第二，针对电子商务的特点，着重规定电子商务经营者特别是平台经营者的义务与责任，如落实实名制、公平交易、保护知识产权、保护个人信息、保障网络安全等。第三，确立电子商务合同的订立和履行规范，对当事人民事行为能力、合同成立、电子商务经营者的告知义务、快递物流的服务规范、电子支付的责任承担等作了规定。第四，针对保护消费者的知情权、选择权和人身财产安全，在侵权责任法和消费者权益保护法的相关规定基础上进一步细化，对电子商务经营者特别是平台经营者的责任作了较为具体的规定。第五，专设电子商务促进一章，从促进线上线下产业融合、农村电子商务、跨境电子商务发展，推进电子商务诚信体系建设等方面，规定了支持促进电子商务发展的政策措施。第六，对电子商务争议的解决方式、原始合同和交易记录的提供、电子商务争议在线解决机制等作了规定。第七，对违反本法规定行为的法律责任作了规定。

本届以来，宪法和法律委员会、法制工作委员会就草案的有关问题进一步征求了有关方面意见、共同研究。宪法和法律委员会于6月5日召开会议，根据常委会组成人员的审议意见和各方面意见，对草案进行了逐条审议。财政经济委员会、中央网络安全和信息化委员会办公室、司法部、国家市场监督管理总局有关负责同志列席了会议。6 月 12 日，宪法和法律委员会召开会议，再次进行了审议。现将电子商务法（草案二次审议稿）主要问题的修改情况汇报如下：

一、一些意见提出，2018 年是改革开放 40 周年，以习近平同志为核心的党中央提出了一系列改革开放新的重要举措，电子商务作为现代服务业的重要组成部分，应充分发挥其在推动高质量发展和形成全面开放新格局方面的作用。宪法和法律委员会经研究，建议在草案二次审议稿第四条中增加规定：充分发挥电子商务在推动高质量发展、构建开放型经济方面的重要作用。

二、草案二次审议稿第十条第一款规定，本法所称电子商务经营者，是指通过互联网等信息网络销售商品或者提供服务的自然人、法人和非法人组织，包括自建网站经营的电子商务经营者、电子商务平台经营者、平台内电子商务经营者。一些常委委员和部门、企业、社会公众建议，在电子商务经营者的范围中明确不包括个人转让自用二手物品等非经营活动；一些常委委员和地方、企业、社会公众建议，将通过微信、网络直播等方式销售商品或者提供服务的经营者涵盖在内。宪法和法律委员会经研究，建议将上述规定修改为：本法所称电子商务经营者，是指通过互联网等信息网络从事销售商品或者提供服务的经营活动的自然人、法人和非法人组织，包括电子商务平台经营者、平台内经营者以及通过自建网站、其他网络服务销售商品或者提供服务的电子商务经营者。

三、草案二次审议稿第十一条规定，电子商务经营者应当依法办理工商登记。但是，个人销售自产农副产品、销售家庭手工业产品，个人利用自己的技能从事依法无须取得许可的便民劳务活动以及依照法律、行政法规不需要进行工商登记的除外。关于这个问题，在草案起草、审议和征求意见中，一直存在两种意见。一种意见认为，应当要求所有个人经营者办理登记；一种意见建议明确，除须取得行政许可的经营活动外，个人经营者免于办理登记。在二审中，一些常委委员建议，对不需要进行登记的电子商务经营者的范围予以研究完善，并对其税务登记问题作出规定。宪法和法律委员会、法制工作委员会对这个问题作了重点研究，认为：从我国的商事登记和税收征管制度上总体考虑，并为体现线上线下公平竞争，在本法中规定电子商务经营者应当依法办理登记，是必要的；同时，实践中有许多个人经营者交易的频次低、金额小，法律已要求平台对其身份进行核验，可不要求其必须办理登记。据此，建议作以下修改：一是，在草案二次审议稿第十一条中增加规定，个人从事“零星小额交易活动”不需要办理市场主体登记。二是，增加规定：依照本法规定不需要办理市场主体登记的电子商务经营者在首次纳税义务发生后，应当依照税收征收管理法律、行政法规的规定办理税务登记，并如实申报纳税。

四、草案二次审议稿第二十三条第二款中规定，电子商务平台经营者应当按照规定向工商行政管理部门、税务部门报送平台内经营者的身份信息和经营信息。有的常委委员和企业、专家提出，要求电子商务平台向上述部门报送有关信息是必要的；但是，考虑到经营信息范围广，有的还涉及企业商业秘密等，建议对报送信息的情形予以区分，限定报送范围。宪法和法律委员会经研究，建议将上述规定修改为，电子商务平台经营者应当按照规定向市场监督管理部门报送平台内经营者的身份信息，向税务部门报送平台内经营者的身份信息和与纳税有关的信息。

五、一些常委会组成人员和部门、企业、社会公众提出，在目前的实践中，一些电子商务经营者定向推送商品、服务信息存在误导的情况，搭售商品、押金退还、格式合同等存在许多不合理做法，侵害消费者合法权益，应对此作出有针对性的规范。宪法和法律委员会经研究，建议增加以下规定：一是，电子商务经营者根据消费者的兴趣爱好、消费习惯等特征向其推销商品或者服务，应当同时向该消费者提供不针对其个人特征的选项，尊重和平等保护消费者合法权益。二是，电子商务经营者搭售商品或者服务，应当以显著方式提请消费者注意，不得将搭售商品或者服务作为默认同意的选项。三是，电子商务经营者按照约定向消费者收取押金的，应当明示押金退还的方式、程序，不得对押金退还设置不合理条件。消费者申请退还押金，符合押金退还条件的，电子商务经营者应当及时退还。四是，电子商务经营者不得以格式条款等方式约定消费者支付价款后合同不成立；格式条款等含有该内容的，其内容无效。

六、一些常委会组成人员和地方、部门、社会公众建议，明确禁止电子商务经营者滥用市场支配地位以及电子商务平台经营者限制平台内经营者在其他平台上开展经营活动的行为。宪法和法律委员会经研究，建议作以下修改：一是，增加规定：电子商务经营者因其技术优势、用户数量、对相关行业的控制能力以及其他经营者对该电子商务经营者在交易上的依赖程度等因素而具有市场支配地位的，不得滥用市场支配地位，排除、限制竞争。二是，将第三十条修改为，电子商务平台经营者不得利用服务协议、交易规则以及技术等手段，对平台内经营者在平台内的交易、交易价格以及与其他经营者的交易等进行不合理限制或者附加不合理条件，或者向平台内经营者收取不合理费用。

七、一些常委会组成人员和部门、社会公众建议，与侵权责任法、消费者权益保护法的有关规定相衔接，针对电子商务平台对平台上销售假冒伪劣商品等行为不及时采取措施，以及对消费者未尽到安全保障义务等情形，进一步明确和细化其对消费者的责任。宪法和法律委员会经研究，建议增加规定：电子商务平台经营者知道或者应当知道平台内经营者销售的商品或者提供的服务不符合保障人身、财产安全的要求，或者有其他侵害消费者合法权益行为，未采取必要措施的，依法与该平台内经营者承担连带责任。对关系消费者生命健康的商品或者服务，电子商务平台经营者对平台内经营者的资质资格未尽到审核义务，或者对消费者未尽到安全保障义务，造成消费者损害的，依法与该平台内经营者承担连带责任。

八、有的部门、专家建议，对生产经营者之间通过电子商务平台开展交易活动作出必要规范。宪法和法律委员会经研究，建议增加规定：电子商务平台经营者可以按照平台服务协议和交易规则，为经营者之间的商品交易或者服务交易提供信息发布、交易撮合、仓储、物流、支付结算、交收等服务，同时应当遵守法律、行政法规和国家有关规定，不得采取集中竞价、做市商等集中交易方式进行交易，不得进行标准化合约交易。

此外，还对草案二次审议稿作了一些文字修改。

草案三次审议稿已按上述意见作了修改，宪法和法律委员会建议提请本次常委会会议继续审议。

草案三次审议稿和以上汇报是否妥当，请审议。

全国人大相关负责人就《中华人民共和国电子商务法》答记者问

2018年8月31日第十三届全国人民代表大会常务委员会第五次会议审议通过《中华人民共和国电子商务法》（以下简称电子商务法）。在全国人大常委会办公厅新闻发布会上，全国人大财政经济委员会副主任委员尹中卿、全国人大常委会法工委经济法室副主任杨合庆就电子商务法相关问题答记者问并进行了解读。

问：电子商务法有哪些突出的重点、特点和亮点，电子商务法立法能否促进电子商务健康有序发展，如何保护消费者合法权益？

尹中卿：刚刚表决通过的电子商务法，文本是七章89条，主要就是对电子商务经营者、电子商务合同的订立与履行、电子商务争议解决与电子商务促进和法律责任这五部分作了规定。我个人总结，我觉得这次通过的电子商务法有八个亮点比较突出。

第一个，就是严格范围。因为电子商务具有跨时空、跨领域的特点，所以电子商务法把调整范围严格限定在中华人民共和国境内，限定在通过互联网等信息网络销售商品或者提供服务，因此对金融类产品和服务，对利用信息网络提供的新闻、信息、音视频节目、出版以及文化产品等方面的内容服务都不在这个法律的调整范围内。

第二个，促进发展。因为电子商务属于新兴产业，所以电子商务法就把支持和促进电子商务持续健康发展摆在首位，拓展电子商务的空间，推进电子商务与实体经济深度融合，在发展中规范，在规范中发展。所以法律对于促进发展、鼓励创新做了一系列的制度性的规定。

第三个亮点，包容审慎。目前我们国家电子商务正处于蓬勃发展的时期，渗透广、变化快，新情况、新问题层出不穷，在立法中既要解决电子商务领域的突出问题，也要为未来发展留出足够的空间。电子商务法不仅重视开放性，而且也更加重视前瞻性，以鼓励创新和竞争为主，同时兼顾规范和管理的需要，这就为我们电子商务未来的发展奠定了体制框架。

第四个亮点，平等对待。电子商务技术中立、业态中立、模式中立。在立法过程中，各个方面逐渐对线上线下在无差别、无歧视原则下规范电子商务的市场秩序，达到了一定的共识。所以法律明确规定，国家平等地对待线上线下的商务活动，促进线上线下融合发展。

第五个亮点，均衡保障。这些年的实践证明，在电子商务有关三方主体中，最弱势的是消费者，其次是电商经营者，最强势的是平台经营者，所以电子商务法在均衡地保障电子商务这三方主体的合法权益，适当加重了电子商务经营者，特别是第三方平台的责任义务，适当地加强对电子商务消费者的保护力度。现在这种制度设计是基于我们国家的实践，反映了中国特色，体现了中国智慧。

第六个特点，协同监管。根据电子商务发展的特点，电子商务法完善和创新了符合电子商务发展特点的协同监管体制和具体制度。法律规定国家建立符合电子商务特点的协同管理体系，各级政府要按照职责分工，我们没有确定哪个部门是电子商务的主管部门，根据已有分工，各自负责电子商务发展促进、监督、管理的工作。在这样的情况下，监管的要义就在于依法、合理、有效、适度，既非任意地强化监管，又非无原则地放松监管，而是宽严适度、合理有效。

第七个特点是社会共治。电子商务立法运用互联网的思维，充分发挥市场在配置资源方面的决定性作用，鼓励支持电子商务各方共同参与电子商务市场治理，充分发挥电子商务交易平台经营者、电子商务经营者所形成的一些内生机制，来推动形成企业自治、行业自律、社会监督、政府监管这样的社会共治模式。

最后一个亮点，就是法律衔接。电子商务法是电子商务领域的一部基础性的法律，但因为制定得比较晚，所以其中的一些制度在其他法律中间都有规定，所以电子商务法不能包罗万象。电子商务立法中就针对电子领域特有的矛盾来解决其特殊性的问题，在整体上能够处理好电子商务法与已有的一些法律之间的关系，重点规定其他法律没有涉及的问题，弥补现有法律制度的不足。

比如在市场准入上与现行的商事法律制度相衔接，在数据文本上与合同法和电子签名法相衔接。在纠纷解决上，与现有的消费者权益保障法相衔接。在电商税收上与现行税收征管法和税法相衔接。在跨境电子商务上，与联合国国际贸易法委员会制定的电子商务示范法、电子合同公约等国际规范来相衔接。当然，这部法律的内容很广泛，可能还有其他方面的特点，我认为这八个方面的特点或者说是亮点，是我们理解电子商务法、实施电子商务法需要重点把握的。

问：最近发生了一些侵害消费者人身安全的严重事件，引起了社会的广泛关注，对于这样的事件，电商平台应该承担什么样的责任？刚刚通过的电子商务法又是怎么样规定的？

杨合庆：对于这位记者朋友提出的问题，我想首先在这里强调，任何的经营者从事任何的经营活动，消费者的人身安全都应当是第一位的。我们国家的每一项立法都是如此，我们必须坚持以人民为中心的思想，将人民的安全放在第一位。刚刚通过的电子商务法也坚持了这一思想，对保障人民人身安全作了非常具体的规定，包括以下几个方面：

第一，从电子商务经营者义务的角度提出要求，比如电子商务法规定，电子商务经营者销售商品或提供的服务必须符合保障人身安全的要求，符合环境保护的要求，不得销售或提供法律、行政法规禁止交易的商品或者服务。电子商务经营者从事经营活动，需要取得行政许可的，还应当依法取得行政许可。对于平台经营者，法律要求其对平台内经营者的真实身份、地址、行政许可等事项要进行核验和登记，并且要通过平台服务协议、交易规则来明确双方对于保障消费者合法权益，还有保障商品和服务质量的义务。

如果消费者受到了人身上的损害，第二个方面就是电子商务法规定了严格的法律责任。首先，如果电子商务经营者提供的商品或者服务不符合保障人身财产安全的要求，就应当依照电子商务法、侵权责任法和消费者权益保护法的规定来承担相应民事责任。

如果平台知道或者应当知道平台内经营者销售的商品和提供的服务不符合保障人身安全的要求，而没有采取必要措施的，要和平台内经营者承担连带责任。另外，第三个方面，根据电子商务法和消费者权益保护法的规定，如果电子商务平台不能够提供平台内经营者的身份、联系方式等信息，那么他还要承担先行赔付的责任。

第四个方面，大家也非常关注的一个问题，如果电商平台对于平台内经营者的资质资格未尽到审核业务，或者对消费者未尽到安全保障义务如何承担责任的问题。刚刚通过的电子商务法规定的是依法承担相应的责任。对于这个问题，在常委会这次的审议过程中，常委会组成人员也非常的关注，一些常委委员提出，希望进一步强化电商平台的责任。还有一些常委委员提出，考虑到电商平台对平台内经营者的资质未尽到审核义务，或者对消费者未尽到安全保障义务的情况比较复杂，那么需要在根据实际情形依法来具体地认定。宪法和法律委员会经研究，也向常委会提出了修改建议，改为"依法承担相应的责任"。

在这里需要说明的是，如果平台未尽到上述义务，应当按照侵权责任法等法律，构成共同侵权的，应与平台内经营者承担连带责任。另外，除了上述的民事责任以外，电子商务法还规定，如果平台有相关的违法行为，还要依法承担行政责任和刑事责任。

问：刚刚通过的电子商务法，社会各界都非常关注，希望能够尽早出台。为什么前后历经了四审才出台？在立法上应该如何体现科学立法和民主立法？

尹中卿：根据立法法，我们国家的法律一般都是经过三审，但是电子商务法是四审。电子商务法从提出到这次通过，经过了五年的时间，其中三年时间起草，两年时间两届常委会四次会议审议。我是电子商务法起草组的副组长，这五年来一直参与电子商务法的起草、修改、审议工作，主要就是经过四次审议。第一个就是电子商务法和其他法律相比很复杂，它的涉及面广，规模大，而且它又是个新生事物，很多事看不准，而且发展日新月异，在这种情况下，在制定过程中比较慎重。

从起草来讲，刚才讲到科学立法、民主立法，实际我认为这次立法过程回顾起来有三个特点。第一个特点是，这个法律草案是由全国人大财经委员会牵头起草的法律，在2013年，根据全国人大十二届常委会立法规划，财经委牵头国务院12个部门组成了起草组。现在看来，如果不是我们财经委牵头，这部法律还不知道什么时候能出台。为什么？因为国务院有关部门没有主管部门，哪个部门都管，哪个部门也都不是主管。在这种情况下，由全国人大专门委员会来牵头起草法律草案具有优势。在起草过程中，我们广泛吸收了行业协会、专家学者以及地方的电子商务示范城市一起从事这项工作，先搞专题调研，然后分头起草大纲，再分头起草草案，然后再合并。在这个过程中我们还是充分地调动了方方面面的积极性，这样才能使这部法律草案比较快地起草出来。

在两年审议中，经过了两届常委会，实际上张德江委员长，包括栗战书委员长都很重视。我们经过四次会议审议，在审议中充分发扬民主，广泛听取意见。这次在审议中我们少有的，一部法律四次审议，三次公开征求意见，在第一审结束之后，在中国人大网征求意见，第二审结束之后，再次在中国人大网公开征求意见，三审之后又再次公开征求意见，所以充分听取了社会方方面面的意见，尤其是广大消费者的意见。我认为，在这方面充分发扬了民主，广泛地听取了意见，各方意见都在整个修改过程中来博弈，你可以提出来，最后怎么改要依照法律程序，由全国人大有关专门委员会和在常委会审议的时候来修改。

第三，根据科学立法的要求，对草案在四次审议，特别是在前三次审议中进行广泛的修改，包括也召开过两次国际研讨会。因为电子商务法在国际上有示范法，也有公约，在国内实际上有一些地方也制定了一些办法，尤其是一些大型的电子商务平台也有内部的业务规则和流程。根据这些，我们进行了提炼和总结，然后把有共性的一些东西凝练出来。在修改中间，刚才合庆主任也讲了，你们可以看到我们的修改多么频繁。争论比较多的是第十条，从草稿、调研，一直到四次审议都有意见。但是在这中间，因为充分听取了包括国务院有关部门的意见，他们开始主张全部都要登记，但是电商平台和一些经营者觉得有一些东西没必要一定要进行工商登记，所以最后在修改中，我们逐渐地把登记作为一般原则，但是用“但书”来排除，开始是先排除了对个人销售的自产农副产品不用办登记，然后加上家庭里手工业产品也没有必要办登记，利用自己技能从事的便民劳务活动，也没有必要办登记。一直到第三次审议的时候又加一个零星小额交易活动也不需要办登记。这就充分发挥了电子商务工具对广大劳动者、生产者、消费者产销见面、便民提供了很大的方便。这是经过的一个初步完善的过程。

还有第三十八条第二款，对于关系消费者生命安全的商品或者服务，如果造成消费者损失的，电商平台消费者到底应该承担什么样的责任？原来写的是连带责任，这次提交的草案又改为了相应的补充责任，我作为常委委员，我都不赞成，为什么？因为怎么能叫“相应的补充责任”呢？但是大家提了意见之后，最后又把它改为了“相应的责任”，把“补充”去掉了。别看就是两个字，但是从连带责任到相应的补充责任，到相应责任，这中间就体现了博弈。因为开始是平台经营者提出来他们认为连带责任太严了，但是改成相应的补充责任又太轻了。最后在定稿的时候改为了“相应的责任”，这就比较平衡了。另外，关于贯彻绿色发展，这也是这一次很多常委委员提出来的，在这次通过的时候，就在第六十五条增加了各级政府来促进电子商务绿色发展的责任，在第五十二条也规定了快递物流服务提供者要使用环保包装材料的规定。这就是大家反映比较多的网络购物过程中过度包装的问题，就为解决这些问题提供了很好的办法。

在整个电子商务法起草和审议过程中，比较好地体现了十八届四中全会对关于加强人大对立法工作组织协调，发挥人大有关专门委员会和工作委员会的主导作用。同时也很好地贯彻了科学立法、民主立法、依法立法，法律草案的起草和审议过程更广泛地听取了各方意见，在审议、博弈过程中取得更多的共识，使草案具有更多的可操作性。我认为电子商务法的立法过程值得总结。

[行政法规、法规性文件与解读]

中共中央办公厅　国务院办公厅

防范和惩治统计造假、弄虚作假督察工作规定

（2018年9月16日）

第一条　为了构建防范和惩治统计造假、弄虚作假督察机制，推动各地区各部门严格执行统计法律法规，确保统计数据真实准确，根据《关于深化统计管理体制改革提高统计数据真实性的意见》、《统计违纪违法责任人处分处理建议办法》等有关规定和《中华人民共和国统计法》、《中华人民共和国统计法实施条例》等法律法规，制定本规定。

第二条　统计督察必须坚持以习近平新时代中国特色社会主义思想为指导，全面贯彻党的十九大和十九届二中、三中全会精神，牢固树立政治意识、大局意识、核心意识、看齐意识，坚持和加强党的全面领导，坚持稳中求进工作总基调，坚持新发展理念，紧扣我国社会主要矛盾变化，按照高质量发展的要求，围绕统筹推进“五位一体”总体布局和协调推进“四个全面”战略布局，聚焦统计法定职责履行、统计违纪违法现象治理、统计数据质量提升，注重实效、突出重点、发现问题、严明纪律，维护统计法律法规权威，推动统计改革发展，为经济社会发展做好统计制度保障。

第三条　根据党中央、国务院授权，国家统计局组织开展统计督察，监督检查各地区各部门贯彻执行党中央、国务院关于统计工作的决策部署和要求、统计法律法规、国家统计政令等情况。

第四条 国家统计局负责统筹、指导、协调、监督统计督察工作，主要职责是制定年度督察计划，批准督察事项，审定督察报告，研究解决督察中存在的重大问题。国家统计局统计执法监督局承担统计督察日常工作。

国家统计局通过组建统计督察组开展统计督察工作，统计督察组设组长、副组长，实行组长负责制，副组长协助组长开展工作。

第五条 统计督察对象是与统计工作相关的各地区、各有关部门。重点是各省、自治区、直辖市党委和政府主要负责同志和与统计工作相关的领导班子成员，必要时可以延伸至市级党委和政府主要负责同志和与统计工作相关的领导班子成员；国务院有关部门主要负责同志和与统计工作相关的领导班子成员；省级统计机构和省级政府有关部门领导班子成员。

第六条 对省级党委和政府、国务院有关部门开展统计督察的内容包括：

（一）贯彻落实党中央、国务院关于统计改革发展各项决策部署，加强对统计工作组织领导，指导重大国情国力调查，推动统计改革发展，研究解决统计建设重大问题等情况；

（二）履行统计法定职责，遵守执行统计法律法规，严守领导干部统计法律底线，依法设立统计机构，维护统计机构和人员依法行使统计职权，保障统计工作条件，支持统计活动依法开展等情况；

（三）建立防范和惩治统计造假、弄虚作假责任制，问责统计违纪违法行为，建立统计违纪违法案件移送机制，追究统计违纪违法责任人责任，发挥统计典型违纪违法案件警示教育作用等情况；

（四）应当督察的其他情况。

对市级及以下党委和政府、地方政府有关部门，可以参照上述规定开展统计督察。

第七条 对各级统计机构、国务院有关部门行使统计职能的内设机构开展统计督察的内容包括：

（一）贯彻落实党中央、国务院关于统计改革发展各项决策部署，完成国家统计调查任务，执行国家统计标准和统计调查制度，组织实施重大国情国力调查等情况；

（二）履行统计法定职责，遵守执行统计法律法规，严守统计机构、统计人员法律底线，依法独立行使统计职权，依法组织开展统计工作，依法实施和监管统计调查，依法报请审批或者备案统计调查项目及其统计调查制度，落实统计普法责任制等情况；

（三）执行国家统计规则，遵守国家统计政令，遵守统计职业道德，执行统计部门规章和规范性文件，落实各项统计工作部署，组织实施统计改革，加强统计基层基础建设，参与构建新时代现代化统计调查体系，建立统计数据质量控制体系等情况；

（四）落实防范和惩治统计造假、弄虚作假责任制，监督检查统计工作，开展统计执法检查，依法查处统计违法行为，依照有关规定移送统计违纪违法责任人处分处理建议或者违纪违法问题线索，落实统计领域诚信建设制度等情况；

（五）应当督察的其他情况。

对国务院有关部门行使统计职能的内设机构开展统计督察的内容还包括：依法提供统计资料、行政记录，建立统计信息共享机制，贯彻落实统计信息共享要求等情况。

对地方政府有关部门行使统计职能的内设机构，可以参照上述规定开展统计督察。

第八条 统计督察主要采取以下方式进行：

（一）召开有关统计工作座谈会，听取被督察地区、部门遵守执行统计法律法规、履行统计法定职责等情况汇报；

（二）与被督察地区、部门有关领导干部和统计人员进行个别谈话，向知情人员询问有关情况；

（三）设立统计违纪违法举报渠道，受理反映被督察地区、部门以及有关领导干部统计违纪违法行为问题的来信、来电、来访等；

（四）调阅、复制有关统计资料和与统计工作有关的文件、会议记录等材料，进入被督察地区、部门统计机构统计数据处理信息系统进行比对、查询；

（五）进行遵守执行统计法律法规等情况的问卷调查，开展统计执法“双随机”抽查，赴被督察地区、部门进行实地调查了解；

（六）经国家统计局批准的其他方式。

第九条 统计督察工作一般按照以下程序进行：

（一）制定方案。国家统计局根据具体任务组建统计督察组，确定统计督察组组长、副组长、成员，明确督察组及其成员职责。统计督察组根据其职责制定实施方案，明确督察目的、对象、内容、方式、期限等。

（二）实地督察。统计督察组赴有关地区、部门督察前应当先收集了解督察对象有关统计工作的基本情况，并向被督察地区、部门送达统计督察通知书。统计督察组到达后应当向被督察地区、部门通报督察内容，严格按照督察实施方案开展督察。

（三）报告情况。统计督察组实地督察结束后应当在规定时间内形成书面督察报告以及督察意见书，经与督察对象沟通后，向国家统计局报告督察基本情况，反映发现的统计违纪违法问题，提出处理建议。

第十条 国家统计局应当及时听取统计督察组的督察情况汇报，研究提出处理意见。对涉及有关国家工作人员涉嫌统计违纪违法、应当依纪依法给予处分处理的，按照有关规定办理。

第十一条 国家统计局应当及时向被督察地区、部门反馈相关督察情况，指出有关统计工作问题，有针对性地提出整改意见，将督察意见书提供给被督察地区、部门，并将督察报告以及督察意见书移交中央纪委国家监委、中央组织部。其中，对各省、自治区、直辖市党委和政府以及国务院有关部门的督察意见应当报经党中央、国务院同意后再反馈。统计督察情况应当以适当方式向社会公开。

第十二条 被督察地区、部门收到统计督察组反馈意见后，应当对存在的问题认真整改落实，并在3个月内将整改情况反馈国家统计局。国家统计局应当以适当方式监督整改落实情况。

第十三条 督察中发现统计违纪违法问题和线索的，按照《统计违纪违法责任人处分处理建议办法》有关规定办理。

第十四条 国家统计局每年年初应当向党中央、国务院报告上年度统计督察情况。

第十五条 被督察地区、部门应当支持配合统计督察工作。被督察地区、部门领导班子成员应当自觉接受统计督察监督，积极配合统计督察组开展工作。督察涉及的相关人员有义务向统计督察组如实反映情况。

第十六条 被督察地区、部门及其工作人员违反规定不支持配合甚至拒绝、阻碍和干扰统计督察工作的，应当视为包庇、纵容统计违纪违法行为，依照有关规定严肃处理。

第十七条 统计督察组应当坚持实事求是，深入调查研究，全面准确了解情况，客观公正反映问题。

统计督察工作人员应当严格遵守政治纪律、组织纪律、廉洁纪律、工作纪律等有关纪律要求，有下列情形之一的，视情节轻重，给予批评教育、组织处理或者党纪政务处分；涉嫌犯罪的，移送有关机关依法处理：

（一）对统计造假、弄虚作假问题瞒案不报、有案不查、查案不力，不如实报告统计督察情况，甚至隐瞒、歪曲、捏造事实的；

（二）泄露统计督察工作中知悉的国家秘密、商业秘密、个人信息及其工作秘密的；

（三）统计督察工作中超越权限造成不良后果的；

（四）违反中央八项规定精神，或者利用统计督察工作便利，谋取私利或者为他人谋取不正当利益的；

（五）有其他违反统计督察纪律行为的。

第十八条 国家统计局根据本规定制定具体实施办法。

第十九条 本规定由国家统计局负责解释。

第二十条 本规定自2018年8月24日起施行。

国家统计局负责人就贯彻执行《防范和惩治统计造假、弄虚作假督察工作规定》有关情况答记者问

2018年7月6日，中共中央总书记、国家主席、中央军委主席、中央全面深化改革委员会主任习近平主持召开中央全面深化改革委员会第三次会议，审议通过了《防范和惩治统计造假、弄虚作假督察工作规定》（以下简称《规定》）。近日，中共中央办公厅、国务院办公厅印发了《规定》，并发出通知，要求各地区各部门结合实际认真贯彻落实。就贯彻落实《规定》，记者采访了国家统计局负责人。

问：近日，中央发布了《规定》，请你介绍一下《规定》出台的背景？

答：党的十八大以来，党中央、国务院高度重视统计工作。习近平总书记多次就统计工作发表重要讲话、作出重要指示批示，李克强总理、栗战书委员长、韩正副总理多次就统计改革发展提出要求。中央全面深化改革领导小组、中央全面深化改革委员会先后审议通过了7部关于统计工作的重要文件，中央先后印发了《关于深化统计管理体制改革提高统计数据真实性的意见》（以下简称《意见》）、《统计违纪违法责任人处分处理建议办法》（以下简称《办法》）等多部统计工作方面的文件。全国人大常委会对《统计法》执行情况进行执法检查并将《统计法》修改列入十三届全国人大常委会立法规划。国务院颁布《统计法实施条例》，修改《全国经济普查条例》。各地各部门认真贯彻党中央、国务院关于统计工作的决策部署，统计事业发展取得了很大的进步。这次中央发布《规定》就是为了进一步推动各地各部门认真贯彻执行党中央、国务院关于统计工作的决策部署和要求，认真贯彻执行统计法律法规和国家统计政令，确保统计数据真实准确、完整及时，为经济社会发展提供更加扎实的统计保障。

问：《规定》对推动统计改革发展、提高统计数据质量有哪些重大意义？

答：《规定》的印发充分体现了以习近平同志为核心的党中央对统计工作的高度重视和坚强领导，对广大统计工作者的深切厚爱和殷切期望。《规定》以习近平新时代中国特色社会主义思想为指导，对建立防范和惩治统计造假、弄虚作假督察机制作出具体规定，是深入贯彻落实党的十九大关于坚持党对一切工作的领导、坚持全面依法治国、坚持全面从严治党和完善统计体制要求的具体体现，能够有力推动党中央、国务院统计改革发展决策部署得到全面贯彻执行，有力推动《意见》《办法》各项措施得到全面贯彻执行，有力推动统计法律法规得到全面遵守执行，对于提高统计数据质量和真实性、发挥统计基础性综合性作用，意义十分重大。

问：统计工作涉及方方面面，这次统计督察的实施主体和督察对象是谁？

答：《规定》已对实施统计督察的主体和督察对象作出了明确规定。《规定》指出，根据党中央、国务院授权，国家统计局组织开展统计督察；国家统计局负责统筹、指导、协调、监督统计督察工作；国家统计局统计执法监督局承担统计督察日常工作。《规定》还指出：统计督察对象是与统计工作相关的各地区、各有关部门。重点是各省、自治区、直辖市党委和政府主要负责同志和与统计工作相关的领导班子成员，必要时可以延伸至市级党委和政府主要负责同志和与统计工作相关的领导班子成员；国务院有关部门主要负责同志和与统计工作相关的领导班子成员；省级统计机构和省级政府有关部门领导班子成员。

问：从发布的《规定》看，统计督察的对象之一是省级党委和政府、国务院有关部门，对其开展督察的内容是什么？

答：按照《规定》，对省级党委和政府、国务院有关部门开展统计督察的内容主要包括以下几点：一是贯彻落实党中央、国务院关于统计改革发展各项决策部署，加强对统计工作组织领导，指导重大国情国力调查，推动统计改革发展，研究解决统计建设重大问题等情况。二是履行统计法定职责，遵守执行统计法律法规，严守领导干部统计法律底线，依法设立统计机构，维护统计机构和人员依法行使统计职权，保障统计工作条件，支持统计活动依法开展等情况。三是建立防范和惩治统计造假、弄虚作假责任制，问责统计违纪违法行为，建立统计违纪违法案件移送机制，追究统计违纪违法责任人责任，发挥统计典型违纪违法案件警示教育作用等情况。四是应当督察的其他情况。同时《规定》还指出，对市级及以下党委和政府、地方政府有关部门，可以参照上述规定开展统计督察。

问：我们注意到统计督察的对象还包括各级统计机构、国务院有关部门行使统计职能的内设机构，对这些机构主要督察什么？

答：按照《规定》，对各级统计机构、国务院有关部门行使统计职能的内设机构开展统计督察的内容主要包括以下几点：一是贯彻落实党中央、国务院关于统计改革发展各项决策部署，完成国家统计调查任务，执行国家统计标准和统计调查制度，组织实施重大国情国力调查等情况。二是履行统计法定职责，遵守执行统计法律法规，严守统计机构、统计人员法律底线，依法独立行使统计职权，依法组织开展统计工作，依法实施和监管统计调查，依法报请审批或者备案统计调查项目及其统计调查制度，落实统计普法责任制等情况。三是执行国家统计规则，遵守国家统计政令，遵守统计职业道德，执行统计部门规章和规范性文件，落实各项统计工作部署，组织实施统计改革，加强统计基层基础建设，参与构建新时代现代化统计调查体系，建立统计数据质量控制体系等情况。四是落实防范和惩治统计造假、弄虚作假责任制，监督检查统计工作，开展统计执法检查，依法查处统计违法行为，依照有关规定移送统计违纪违法责任人处分处理建议或者违纪违法问题线索，落实统计领域诚信建设制度等情况。五是应当督察的其他情况。同时《规定》还指出，对国务院有关部门行使统计职能的内设机构开展统计督察的内容还包括：依法提供统计资料、行政记录，建立统计信息共享机制，贯彻落实统计信息共享要求等情况。对地方政府有关部门行使统计职能的内设机构，可以参照上述规定开展统计督察。

问：《规定》已经发布，国家统计局近期将采取哪些措施？

答：国家统计局坚决贯彻落实《规定》，将从牢固树立“四个意识”、坚持“四个自信”、做到“两个维护”的高度，认真实施完成《规定》的各项任务。9 月 18 日，国家统计局党组已召开扩大会议传达学习《规定》，并对学习贯彻落实《规定》进行部署。近期，将重点抓好以下七方面工作。一是组织传达学习，推动《规定》为各地方、各部门党政干部所熟悉掌握；组织各级统计机构认真学习《规定》，领会精神和要义。二是成立国家统计局统计督察领导小组及其办公室，根据具体任务组建统计督察组，具体负责统计督察工作。三是尽快印发贯彻落实《规定》的通知，推动各地区、各部门学习贯彻《规定》，对各级统计机构、各部门承担统计职能的内设机构贯彻落实《规定》进行部署。四是加强对《规定》的宣传，编印《规定》辅导读本，推动全社会了解《规定》内容。五是抓紧制定《规定》实施办法，进一步明确督察工作基本原则、组织机构、督察组构成、工作程序、意见反馈、整改落实和纪律要求。六是抓紧拟定统计督察实施方案，认真组织实施今年统计督察工作。七是研究拟定今后几年统计督察方案，制定 2018 年统计督察计划。

中共中央　国务院

关于全面实施预算绩效管理的意见

（2018年9月1日）

全面实施预算绩效管理是推进国家治理体系和治理能力现代化的内在要求，是深化财税体制改革、建立现代财政制度的重要内容，是优化财政资源配置、提升公共服务质量的关键举措。为解决当前预算绩效管理存在的突出问题，加快建成全方位、全过程、全覆盖的预算绩效管理体系，现提出如下意见。

一、全面实施预算绩效管理的必要性

党的十八大以来，在以习近平同志为核心的党中央坚强领导下，各地区各部门认真贯彻落实党中央、国务院决策部署，财税体制改革加快推进，预算管理制度持续完善，财政资金使用绩效不断提升，对我国经济社会发展发挥了重要支持作用。但也要看到，现行预算绩效管理仍然存在一些突出问题，主要是：绩效理念尚未牢固树立，一些地方和部门存在重投入轻管理、重支出轻绩效的意识；绩效管理的广度和深度不足，尚未覆盖所有财政资金，一些领域财政资金低效无效、闲置沉淀、损失浪费的问题较为突出，克扣挪用、截留私分、虚报冒领的问题时有发生；绩效激励约束作用不强，绩效评价结果与预算安排和政策调整的挂钩机制尚未建立。

当前，我国经济已由高速增长阶段转向高质量发展阶段，正处在转变发展方式、优化经济结构、转换增长动力的攻关期，建设现代化经济体系是跨越关口的迫切要求和我国发展的战略目标。发挥好财政职能作用，必须按照全面深化改革的要求，加快建立现代财政制度，建立全面规范透明、标准科学、约束有力的预算制度，以全面实施预算绩效管理为关键点和突破口，解决好绩效管理中存在的突出问题，推动财政资金聚力增效，提高公共服务供给质量，增强政府公信力和执行力。

二、总体要求

（一）指导思想。以习近平新时代中国特色社会主义思想为指导，全面贯彻党的十九大和十九届二中、三中全会精神，坚持和加强党的全面领导，坚持稳中求进工作总基调，坚持新发展理念，紧扣我国社会主要矛盾变化，按照高质量发展的要求，紧紧围绕统筹推进“五位一体”总体布局和协调推进“四个全面”战略布局，坚持以供给侧结构性改革为主线，创新预算管理方式，更加注重结果导向、强调成本效益、硬化责任约束，力争用3－5年时间基本建成全方位、全过程、全覆盖的预算绩效管理体系，实现预算和绩效管理一体化，着力提高财政资源配置效率和使用效益，改变预算资金分配的固化格局，提高预算管理水平和政策实施效果，为经济社会发展提供有力保障。

（二）基本原则

——坚持总体设计、统筹兼顾。按照深化财税体制改革和建立现代财政制度的总体要求，统筹谋划全面实施预算绩效管理的路径和制度体系。既聚焦解决当前最紧迫问题，又着眼健全长效机制；既关注预算资金的直接产出和效果，又关注宏观政策目标的实现程度；既关注新出台政策、项目的科学性和精准度，又兼顾延续政策、项目的必要性和有效性。

——坚持全面推进、突出重点。预算绩效管理既要全面推进，将绩效理念和方法深度融入预算编制、执行、监督全过程，构建事前事中事后绩效管理闭环系统，又要突出重点，坚持问题导向，聚焦提升覆盖面广、社会关注度高、持续时间长的重大政策、项目的实施效果。

——坚持科学规范、公开透明。抓紧健全科学规范的管理制度，完善绩效目标、绩效监控、绩效评价、结果应用等管理流程，健全共性的绩效指标框架和分行业领域的绩效指标体系，推动预算绩效管理标准科学、程序规范、方法合理、结果可信。大力推进绩效信息公开透明，主动向同级人大报告、向社会公开，自觉接受人大和社会各界监督。

——坚持权责对等、约束有力。建立责任约束制度，明确各方预算绩效管理职责，清晰界定权责边界。健全激励约束机制，实现绩效评价结果与预算安排和政策调整挂钩。增强预算统筹能力，优化预算管理流程，调动地方和部门的积极性、主动性。

三、构建全方位预算绩效管理格局

（三）实施政府预算绩效管理。将各级政府收支预算全面纳入绩效管理。各级政府预算收入要实事求是、积极稳妥、讲求质量，必须与经济社会发展水平相适应，严格落实各项减税降费政策，严禁脱离实际制定增长目标，严禁虚收空转、收取过头税费，严禁超出限额举借政府债务。各级政府预算支出要统筹兼顾、突出重点、量力而行，着力支持国家重大发展战略和重点领域改革，提高保障和改善民生水平，同时不得设定过高民生标准和擅自扩大保障范围，确保财政资源高效配置，增强财政可持续性。

（四）实施部门和单位预算绩效管理。将部门和单位预算收支全面纳入绩效管理，赋予部门和资金使用单位更多的管理自主权，围绕部门和单位职责、行业发展规划，以预算资金管理为主线，统筹考虑资产和业务活动，从运行成本、管理效率、履职效能、社会效应、可持续发展能力和服务对象满意度等方面，衡量部门和单位整体及核心业务实施效果，推动提高部门和单位整体绩效水平。

（五）实施政策和项目预算绩效管理。将政策和项目全面纳入绩效管理，从数量、质量、时效、成本、效益等方面，综合衡量政策和项目预算资金使用效果。对实施期超过一年的重大政策和项目实行全周期跟踪问效，建立动态评价调整机制，政策到期、绩效低下的政策和项目要及时清理退出。

四、建立全过程预算绩效管理链条

（六）建立绩效评估机制。各部门各单位要结合预算评审、项目审批等，对新出台重大政策、项目开展事前绩效评估，重点论证立项必要性、投入经济性、绩效目标合理性、实施方案可行性、筹资合规性等，投资主管部门要加强基建投资绩效评估，评估结果作为申请预算的必备要件。各级财政部门要加强新增重大政策和项目预算审核，必要时可以组织第三方机构独立开展绩效评估，审核和评估结果作为预算安排的重要参考依据。

（七）强化绩效目标管理。各地区各部门编制预算时要贯彻落实党中央、国务院各项决策部署，分解细化各项工作要求，结合本地区本部门实际情况，全面设置部门和单位整体绩效目标、政策及项目绩效目标。绩效目标不仅要包括产出、成本，还要包括经济效益、社会效益、生态效益、可持续影响和服务对象满意度等绩效指标。各级财政部门要将绩效目标设置作为预算安排的前置条件，加强绩效目标审核，将绩效目标与预算同步批复下达。

（八）做好绩效运行监控。各级政府和各部门各单位对绩效目标实现程度和预算执行进度实行“双监控”，发现问题要及时纠正，确保绩效目标如期保质保量实现。各级财政部门建立重大政策、项目绩效跟踪机制，对存在严重问题的政策、项目要暂缓或停止预算拨款，督促及时整改落实。各级财政部门要按照预算绩效管理要求，加强国库现金管理，降低资金运行成本。

（九）开展绩效评价和结果应用。通过自评和外部评价相结合的方式，对预算执行情况开展绩效评价。各部门各单位对预算执行情况以及政策、项目实施效果开展绩效自评，评价结果报送本级财政部门。各级财政部门建立重大政策、项目预算绩效评价机制，逐步开展部门整体绩效评价，对下级政府财政运行情况实施综合绩效评价，必要时可以引入第三方机构参与绩效评价。健全绩效评价结果反馈制度和绩效问题整改责任制，加强绩效评价结果应用。

五、完善全覆盖预算绩效管理体系

（十）建立一般公共预算绩效管理体系。各级政府要加强一般公共预算绩效管理。收入方面，要重点关注收入结构、征收效率和优惠政策实施效果。支出方面，要重点关注预算资金配置效率、使用效益，特别是重大政策和项目实施效果，其中转移支付预算绩效管理要符合财政事权和支出责任划分规定，重点关注促进地区间财力协调和区域均衡发展。同时，积极开展涉及一般公共预算等财政资金的政府投资基金、主权财富基金、政府和社会资本合作（PPP）、政府采购、政府购买服务、政府债务项目绩效管理。

（十一）建立其他政府预算绩效管理体系。除一般公共预算外，各级政府还要将政府性基金预算、国有资本经营预算、社会保险基金预算全部纳入绩效管理，加强四本预算之间的衔接。政府性基金预算绩效管理，要重点关注基金政策设立延续依据、征收标准、使用效果等情况，地方政府还要关注其对专项债务的支撑能力。国有资本经营预算绩效管理，要重点关注贯彻国家战略、收益上缴、支出结构、使用效果等情况。社会保险基金预算绩效管理，要重点关注各类社会保险基金收支政策效果、基金管理、精算平衡、地区结构、运行风险等情况。

六、健全预算绩效管理制度

（十二）完善预算绩效管理流程。围绕预算管理的主要内容和环节，完善涵盖绩效目标管理、绩效运行监控、绩效评价管理、评价结果应用等各环节的管理流程，制定预算绩效管理制度和实施细则。建立专家咨询机制，引导和规范第三方机构参与预算绩效管理，严格执业质量监督管理。加快预算绩效管理信息化建设，打破“信息孤岛”和“数据烟囱”，促进各级政府和各部门各单位的业务、财务、资产等信息互联互通。

（十三）健全预算绩效标准体系。各级财政部门要建立健全定量和定性相结合的共性绩效指标框架。各行业主管部门要加快构建分行业、分领域、分层次的核心绩效指标和标准体系，实现科学合理、细化量化、可比可测、动态调整、共建共享。绩效指标和标准体系要与基本公共服务标准、部门预算项目支出标准等衔接匹配，突出结果导向，重点考核实绩。创新评估评价方法，立足多维视角和多元数据，依托大数据分析技术，运用成本效益分析法、比较法、因素分析法、公众评判法、标杆管理法等，提高绩效评估评价结果的客观性和准确性。

七、硬化预算绩效管理约束

（十四）明确绩效管理责任约束。按照党中央、国务院统一部署，财政部要完善绩效管理的责任约束机制，地方各级政府和各部门各单位是预算绩效管理的责任主体。地方各级党委和政府主要负责同志对本地区预算绩效负责，部门和单位主要负责同志对本部门本单位预算绩效负责，项目责任人对项目预算绩效负责，对重大项目的责任人实行绩效终身责任追究制，切实做到花钱必问效、无效必问责。

（十五）强化绩效管理激励约束。各级财政部门要抓紧建立绩效评价结果与预算安排和政策调整挂钩机制，将本级部门整体绩效与部门预算安排挂钩，将下级政府财政运行综合绩效与转移支付分配挂钩。对绩效好的政策和项目原则上优先保障，对绩效一般的政策和项目要督促改进，对交叉重复、碎片化的政策和项目予以调整，对低效无效资金一律削减或取消，对长期沉淀的资金一律收回并按照有关规定统筹用于亟需支持的领域。

八、保障措施

（十六）加强绩效管理组织领导。坚持党对全面实施预算绩效管理工作的领导，充分发挥党组织的领导作用，增强把方向、谋大局、定政策、促改革的能力和定力。财政部要加强对全面实施预算绩效管理工作的组织协调。各地区各部门要加强对本地区本部门预算绩效管理的组织领导，切实转变思想观念，牢固树立绩效意识，结合实际制定实施办法，加强预算绩效管理力量，充实预算绩效管理人员，督促指导有关政策措施落实，确保预算绩效管理延伸至基层单位和资金使用终端。

（十七）加强绩效管理监督问责。审计机关要依法对预算绩效管理情况开展审计监督，财政、审计等部门发现违纪违法问题线索，应当及时移送纪检监察机关。各级财政部门要推进绩效信息公开，重要绩效目标、绩效评价结果要与预决算草案同步报送同级人大、同步向社会主动公开，搭建社会公众参与绩效管理的途径和平台，自觉接受人大和社会各界监督。

（十八）加强绩效管理工作考核。各级政府要将预算绩效结果纳入政府绩效和干部政绩考核体系，作为领导干部选拔任用、公务员考核的重要参考，充分调动各地区各部门履职尽责和干事创业的积极性。各级财政部门负责对本级部门和预算单位、下级财政部门预算绩效管理工作情况进行考核。建立考核结果通报制度，对工作成效明显的地区和部门给予表彰，对工作推进不力的进行约谈并责令限期整改。

全面实施预算绩效管理是党中央、国务院作出的重大战略部署，是政府治理和预算管理的深刻变革。各地区各部门要更加紧密地团结在以习近平同志为核心的党中央周围，把思想认识和行动统一到党中央、国务院决策部署上来，增强“四个意识”，坚定“四个自信”，提高政治站位，把全面实施预算绩效管理各项措施落到实处，为决胜全面建成小康社会、夺取新时代中国特色社会主义伟大胜利、实现中华民族伟大复兴的中国梦奠定坚实基础。

财政部解读《关于全面实施预算绩效管理的意见》

加快建成全方位、全过程、全覆盖的预算绩效管理体系——财政部有关负责人就贯彻落实《中共中央、国务院关于全面实施预算绩效管理的意见》答记者问

2018年9月，中共中央、国务院印发了《关于全面实施预算绩效管理的意见》（以下简称《意见》）。这是党中央、国务院对全面实施预算绩效管理作出的顶层设计和重大部署，对于深化预算管理制度改革、推进国家治理体系和治理能力现代化具有重要意义。日前，财政部有关负责人就《意见》有关情况回答了记者的提问。

问：请介绍一下《意见》出台的背景和必要性？

答：财政是国家治理的基础和重要支柱，全面实施预算绩效管理是建立现代财政制度的重要组成部分，党中央、国务院对此高度重视。习近平总书记在党的十九大报告中强调，要加快建立现代财政制度，建立全面规范透明、标准科学、约束有力的预算制度，全面实施绩效管理。李克强总理提出，要将绩效管理覆盖所有财政资金，贯穿预算编制、执行全过程，做到花钱必问效、无效必问责。

党的十八大以来，按照党中央、国务院有关要求和预算法规定，财政部积极深化预算绩效管理改革，财政资金使用绩效不断提升，中央财政已经初步构建起以项目支出为主的一般公共预算绩效管理体系，部分地方也结合实际作出有益探索，为全面实施预算绩效管理奠定了良好基础。但也要看到，现行预算绩效管理中仍然存在一些突出问题，主要是绩效理念尚未牢固树立，绩效管理广度和深度不足，绩效激励约束作用不强，预算绩效管理对提高财政资源配置

效率和使用效益的作用没有充分发挥。

为解决预算绩效管理存在的突出问题，中共中央、国务院印发《意见》，力争以全面实施预算绩效管理为关键点和突破口，推动财政资金聚力增效，提高公共服务供给质量。这是推进国家治理体系和治理能力现代化的内在要求，是增强政府公信力和执行力、提高人民群众满意度的有效途径，是建设高效、责任、透明政府的重大举措。

问：全面实施预算绩效管理对提高政府治理水平有什么作用？

答：全面实施预算绩效管理是政府治理方式的深刻变革。预算是政府活动和宏观政策的集中反映，也是规范政府行为的有效手段。预算绩效是衡量政府绩效的主要指标之一，本质上反映的是各级政府、各部门的工作绩效。全面实施预算绩效管理，着重解决财政资源配置和使用中的低效无效问题，有利于夯实各地区各部门各单位绩效主体责任，推动政府效能提升，加快实现国家治理体系和治理能力现代化。

问：《意见》的总体思路和基本原则是什么？

答：《意见》围绕“全面”和“绩效”两个关键点，对全面实施预算绩效管理作出部署。总体思路是，创新预算管理方式，更加注重结果导向、强调成本效益、硬化责任约束，力争用3~5年时间基本建成全方位、全过程、全覆盖的预算绩效管理体系，实现预算和绩效管理一体化，着力提高财政资源配置效率和使用效益，改变预算资金分配的固化格局，提高预算管理水平和政策实施效果，为经济社会发展提供有力保障。

基本原则：一是坚持总体设计、统筹兼顾，统筹谋划全面实施预算绩效管理的路径和制度体系，既聚焦解决当前最紧迫问题，又着眼健全长效机制；二是全面推进、突出重点，预算绩效管理既要全面推进，又要突出重点，坚持问题导向，聚焦提升覆盖面广、社会关注度高、持续时间长的重大政策和项目实施效果；三是科学规范、公开透明，既要抓紧健全科学规范的管理制度，又要大力推进绩效信息公开，主动向同级人大报告、向社会公开；四是权责对等、约束有力，既要明确各方预算绩效管理职责，又要健全激励约束机制，调动地方和部门的积极性和主动性。

问：《意见》如何体现全面实施？

答：《意见》从“全方位、全过程、全覆盖”三个维度推动绩效管理全面实施。

一是构建全方位预算绩效管理格局。要实施政府预算、部门和单位预算、政策和项目预算绩效管理。将各级政府收支预算全面纳入绩效管理，推动提高收入质量和财政资源配置效率，增强财政可持续性。将部门和单位预算收支全面纳入绩效管理，增强其预算统筹能力，推动提高部门和单位整体绩效水平。将政策和项目预算全面纳入绩效管理，实行全周期跟踪问效，建立动态评价调整机制，推动提高政策和项目实施效果。

二是建立全过程预算绩效管理链条。将绩效理念和方法深度融入预算编制、执行、监督全过程，构建事前、事中、事后绩效管理闭环系统，包括建立绩效评估机制、强化绩效目标管理、做好绩效运行监控、开展绩效评价和加强结果应用等内容。

三是完善全覆盖预算绩效管理体系。各级政府需将一般公共预算、政府性基金预算、国有资本经营预算、社会保险基金预算全部纳入绩效管理。积极开展涉及财政资金的政府投资基金、主权财富基金、政府和社会资本合作（PPP）、政府采购、政府购买服务、政府债务项目绩效管理。

问：《意见》的主要创新体现在哪些方面？

答：《意见》立足长远，站位高、举措实，在关注财政资金使用效益的同时，着眼健全长效机制，力求从整体上提高财政资源配置效率。主要体现在以下几个方面：

一是拓展预算绩效管理实施对象。即从政策和项目预算为主向部门和单位预算、政府预算拓展，从转移支付为主向地方财政综合运行拓展，逐步提升绩效管理层级，在更高层面统筹和优化资源配置，这也是大部分市场经济国家预算绩效改革的普遍路径。

二是开展事前绩效评估。为从源头上防控财政资源配置的低效无效，《意见》将绩效管理关口前移，提出建立重大政策和项目事前绩效评估机制。各部门各单位要对新出台重大政策、项目开展事前绩效评估，投资主管部门要加强基建投资绩效评估，评估结果作为申请预算的前置条件。财政部门要加强新增重大政策和项目预算审核，必要时可以组织第三方机构独立开展绩效评估，审核和评估结果作为预算安排的重要参考依据。需要说明的是，事前绩效评估不是另起炉灶，另搞一套，而是结合预算评审、项目审批等现有工作来开展，更加突出绩效导向。

三是实施预算和绩效“双监控”。各级政府各部门各单位对绩效目标实现程度和预算执行进度实行"双监控"，发现问题要及时纠正，确保绩效目标如期保质保量实现。通过开展"双监控"，不仅有利于及时调整预算执行过程中的偏差，避免出现资金闲置沉淀和损失浪费，而且有利于及时纠正政策和项目实施中存在的问题，堵塞管理漏洞，确保财政资金使用安全高效。

四是建立多层次绩效评价体系。《意见》明确提出，各部门各单位对预算执行情况以及政策、项目实施效果开展绩效自评，各级财政部门建立重大政策、项目预算绩效评价机制，逐步开展部门整体绩效评价，对下级政府财政运行情况实施综合绩效评价，必要时可以引入第三方机构参与绩效评价。通过建立绩效自评和外部评价相结合的多层次绩效评价体系，不仅能够落实部门和资金使用单位的预算绩效管理主体责任，推动提高预算绩效管理水平，而且能够全方位、多维度反映财政资金使用绩效和政策实施效果，促进提高财政资源配置效率和使用效益，使预算安排和政策更好地贯彻落实党中央、国务院重大方针政策和决策部署。

问：《意见》在健全预算绩效管理制度方面有何考虑？

答：绩效管理专业性、技术性较强，加强制度建设是全面实施预算绩效管理的基础。为此，《意见》提出：

一是完善预算绩效管理流程。完善涵盖绩效目标管理、绩效运行监控、绩效评价管理、评价结果应用等各环节的管理流程，制定预算绩效管理制度和实施细则，使预算绩效管理有章可循、有规可依。加快预算绩效管理信息化建设，促进各级政府和各部门各单位的业务、财务、资产等信息互联互通。

二是健全预算绩效标准体系。建立健全定量和定性相结合的共性绩效指标框架，构建分行业、分领域、分层次的核心绩效指标和标准体系，逐步实现绩效信息横向可比较、纵向可追溯。创新评估评价方法，提高绩效评估评价结果的客观性和准确性。

问：为硬化预算绩效管理约束，《意见》提出哪些措施？

答：有效发挥预算绩效管理激励约束作用是此次改革成功实施的关键。为使绩效真正有用和有约束力，《意见》明确提出硬化预算绩效管理约束，具体措施包括：

一是明确绩效管理责任约束。按照党中央、国务院统一部署，财政部要完善绩效管理的责任约束机制，地方各级政府和各部门各单位是预算绩效管理的责任主体。项目责任人对项目预算绩效负责，对重大项目的责任人实行绩效终身责任追究制，切实做到花钱必问效、无效必问责。

二是强化绩效管理激励约束。按照权责对等原则，在明确绩效管理责任的同时，赋予部门和资金使用单位更多的管理自主权，调动其履职尽责和干事创业的积极性。同时，要求各级财政部门抓紧建立绩效评价结果与预算安排和政策调整挂钩机制，将本级部门整体绩效与部门预算安排挂钩，将下级政府财政运行综合绩效与转移支付分配挂钩。对绩效好的政策和项目原则上优先保障，对绩效一般的政策和项目要督促改进，对交叉重复和碎片化的政策和项目予以调整，对低效无效资金一律削减或取消，对长期沉淀资金一律收回并按照有关规定统筹用于亟需支持的领域。

问：为确保全面实施预算绩效管理顺利推进，《意见》提出哪些保障措施？

答：全面实施预算绩效管理改革任务重、难度大。为确保全面实施预算绩效管理改革落实到位，《意见》提出以下保障措施：

一是加强绩效管理组织领导。坚持党对全面实施预算绩效管理工作的领导。财政部要加强对全面实施预算绩效管理工作的组织协调。各地区各部门要加强对本地区本部门预算绩效管理的组织领导。

二是加强绩效管理监督问责。审计机关要依法对预算绩效管理情况开展审计监督，财政、审计等部门发现违纪违法问题线索，应当及时移送纪检监察机关。各级财政部门要推进绩效信息公开，重要绩效目标、绩效评价结果要与预决算草案同步报送同级人大、同步向社会主动公开。

三是加强绩效管理工作考核。各级政府将预算绩效结果纳入政府绩效和干部政绩考核体系，作为领导干部选拔任用、公务员考核的重要参考。各级财政部门负责对预算绩效管理工作情况进行考核。要建立考核结果通报制度，对工作成效明显的地区和部门给予表彰，对工作推进不力的进行约谈并责令限期整改。

问：《意见》对绩效信息报送人大、审计监督作出明确规定，请问预算绩效管理与人大监督、审计监督之间是什么关系？

答：预算绩效管理与人大审查监督、审计监督既各有侧重，又紧密联系、相互促进。首先，预算绩效管理为政府及部门提供现代预算管理的理念、方法、机制和手段，更多强调内部管理，而人大和审计重点是实施外部监督。其次，预算绩效管理贯穿预算管理全过程，特别是强调事前绩效管理，从源头上提高财政资源配置的科学性和精准性，审计监督侧重于事后检查。全面实施预算绩效管理，能够充分反映财政资金使用效益，有利于促进人大预算审查监督重点向支出预算和政策实施效果拓展。加强人大监督和审计监督，反过来也能够增强预算绩效管理约束力，促进绩效管理质量提升。因此，要加快建立健全财政部门牵头组织，主管部门和有关单位具体实施，人大和审计机关依法监督的预算绩效管理工作推进机制，形成工作合力。

问：下一步，财政部将如何贯彻落实《意见》？

答：全面实施预算绩效管理是一项长期的系统性工程。贯彻落实《意见》，是财政部门当前和今后一段时期的重点任务。财政部将按照党中央、国务院关于全面实施预算绩效管理的重大部署，切实发挥组织协调作用，加强制度建设，持续推进预算绩效管理常态化、规范化和法治化。近期重点是组织做好政策解读和宣传培训工作，抓紧细化具体管理办法和操作规程，会同有关各部门各地方抓好贯彻落实，确保《意见》各项措施落到实处、发挥实效。

国务院
关于修改部分行政法规的决定

2018 年 9 月 18 日　　　　　　　　　　　　　　国务院令第 703 号

为全面落实党的十九届三中全会审议通过的《中共中央关于深化党和国家机构改革的决定》和十三届全国人大一次会议批准的《国务院机构改革方案》，确保行政机关依法履行职责，国务院对机构改革涉及的行政法规进行了清理。经过清理，国务院决定：对 10 部行政法规的部分条款予以修改。

一、将《卫星地面接收设施接收外国卫星传送电视节目管理办法》第三条修改为："国务院广播电视行政管理部门负责全国卫星地面接收设施接收外国卫星传送的电视节目的管理工作。

"省、自治区、直辖市人民政府广播电视行政管理部门负责本行政区内卫星地面接收设施接收外国卫星传送的电视节目的管理工作。”

第四条第三款中的“中国广播电视部门”修改为“广播电视行政管理部门”。

第六条修改为：“利用已有的或者设置专门的卫星地面接收设施接收外国卫星传送的电视节目的单位，应当向省级以上主管部门提出书面申请，经审查同意的，由申请单位报所在省、自治区、直辖市人民政府广播电视行政管理部门审批。省、自治区、直辖市人民政府广播电视行政管理部门批准的，发给《卫星地面接收设施接收外国卫星传送的电视节目许可证》（以下简称《许可证》），并由审批机关报国务院广播电视行政管理部门、公安部门、国家安全部门备案。”

第九条第二款、第十条中的“广播电视、公安和国家安全部门”修改为“广播电视行政管理部门、公安机关、国家安全机关”。

第十一条修改为：“违反本办法第八条、第九条规定的单位，由省、自治区、直辖市人民政府广播电视行政管理部门会同公安机关、国家安全机关视情节轻重，给予警告、二万元以下的罚款、直至吊销《许可证》的处罚。吊销《许可证》的，可以同时没收其使用的卫星地面接收设施。对单位的直接负责的主管人员和其他直接责任人员，省、自治区、直辖市人民政府广播电视行政管理部门、公安机关、国家安全机关可以建议其主管部门给予行政处分；情节严重构成犯罪的，由司法机关依法追究刑事责任。”

第十二条中的“省、自治区、直辖市广播电视厅（局）会同公安、国家安全厅（局）”修改为“省、自治区、直辖市人民政府广播电视行政管理部门会同公安机关、国家安全机关”。

第十四条第一款修改为：“军队以及公安机关、国家安全机关因国防、公安和国家安全工作需要利用已有的或者专门设置的卫星地面接收设施接收外国卫星传送的电视节目，由军队有关部门、国务院公安部门、国务院国家安全部门分别制定措施进行管理。”

第十五条修改为：“本办法由国务院广播电视行政管理部门解释。”

二、将《有线电视管理暂行办法》第三条第一款、第六条第一款、第十三条、第十九条中的“广播电影电视部”修改为“国务院广播电视行政管理部门”。

三、将《中药品种保护条例》第四条修改为：“国务院药品监督管理部门负责全国中药品种保护的监督管理工作。”

第五条第一款、第八条、第十条、第十一条、第十五条、第二十一条、第二十五条中的“国务院卫生行政部门”修改为“国务院药品监督管理部门”。

第九条修改为：“申请办理中药品种保护的程序：

“（一）中药生产企业对其生产的符合本条例第五条、第六条、第七条、第八条规定的中药品种，可以向所在地省、自治区、直辖市人民政府药品监督管理部门提出申请，由省、自治区、直辖市人民政府药品监督管理部门初审签署意见后，报国务院药品监督管理部门。特殊情况下，中药生产企业也可以直接向国务院药品监督管理部门提出申请。

“（二）国务院药品监督管理部门委托国家中药品种保护审评委员会负责对申请保护的中药品种进行审评。国家中药品种保护审评委员会应当自接到申请报告书之日起六个月内作出审评结论。

“（三）根据国家中药品种保护审评委员会的审评结论，由国务院药品监督管理部门决定是否给予保护。批准保护的中药品种，由国务院药品监督管理部门发给《中药保护品种证书》。

“国务院药品监督管理部门负责组织国家中药品种保护审评委员会，委员会成员由国务院药品监督管理部门聘请中医药方面的医疗、科研、检验及经营、管理专家担任。”

第十三条第一款中的“药品生产经营主管部门、卫生行政部门”修改为“药品监督管理部门”。

第十八条修改为：“国务院药品监督管理部门批准保护的中药品种如果在批准前是由多家企业生产的，其中未申请《中药保护品种证书》的企业应当自公告发布之日起六个月内向国务院药品监督管理部门申报，并依照本条例第十条的规定提供有关资料，由国务院药品监督管理部门指定药品检验机构对该申报品种进行同品种的质量检验。国务院药品监督管理部门根据检验结果，可以采取以下措施：

“（一）对达到国家药品标准的，补发《中药保护品种证书》。

“（二）对未达到国家药品标准的，依照药品管理的法律、行政法规的规定撤销该中药品种的批准文号。”

第十九条修改为：“对临床用药紧缺的中药保护品种的仿制，须经国务院药品监督管理部门批准并发给批准文号。仿制企业应当付给持有《中药保护品种证书》并转让该中药品种的处方组成、工艺制法的企业合理的使用费，其数额由双方商定；双方不能达成协议的，由国务院药品监督管理部门裁决。”

第二十条修改为：“生产中药保护品种的企业应当根据省、自治区、直辖市人民政府药品监督管理部门提出的要求，改进生产条件，提高品种质量。”

第二十三条中的“县级以上卫生行政部门”修改为“县级以上人民政府负责药品监督管理的部门”。

第二十四条中的“卫生行政部门”修改为“负责药品监督管理的部门”。

删去第二十六条。

四、将《卫星电视广播地面接收设施管理规定》第五条第一款、第十二条中的“国务院广播电影电视行政部门”修改为“国务院广播电视行政管理部门”。

第七条中的“县、市人民政府广播电视行政部门”修改为“县、市人民政府广播电视行政管理部门”，“省、自治区、直辖市人民政府广播电视行政部门”修改为“省、自治区、直辖市人民政府广播电视行政管理部门”。

第八条第二款中的“国务院广播电影电视行政部门”修改为“国务院广播电视行政管理部门”，“县、市人民政府广播电视行政部门”修改为“县、市人民政府广播电视行政管理部门”，“省、自治区、直辖市人民政府广播电视行政部门”修改为“省、自治区、直辖市人民政府广播电视行政管理部门”。

第十条中的“工商行政管理部门”修改为“市场监督管理部门”，“广播电视行政部门”修改为“广播电视行政管理部门”。

五、将《反兴奋剂条例》第二条中的“国务院食品药品监督管理部门”修改为“国务院药品监督管理部门”。

第四条第二款中的“县级以上人民政府食品药品监督管理、卫生、教育等有关部门”修改为“县级以上人民政府负责药品监督管理的部门和卫生、教育等有关部门”。

第九条第一款、第十二条、第十三条第一款中的“省、自治区、直辖市人民政府食品药品监督管理部门”修改为“省、自治区、直辖市人民政府药品监督管理部门”。

第十一条中的“国务院食品药品监督管理部门”修改为“国务院药品监

督管理部门”，“省、自治区、直辖市人民政府食品药品监督管理部门”修改为“省、自治区、直辖市人民政府药品监督管理部门”。

第三十八条中的“县级以上食品药品监督管理部门按照国务院食品药品监督管理部门规定的职责分工”修改为“县级以上人民政府负责药品监督管理的部门按照国务院药品监督管理部门规定的职责分工”。

第四十五条中的“食品药品监督管理部门、卫生主管部门”修改为“负责药品监督管理的部门、食品安全监督管理部门”。

六、将《易制毒化学品管理条例》第二条第三款、第二十七条第二款中的“国务院食品药品监督管理部门”修改为“国务院药品监督管理部门”。

第三条第一款中的“食品药品监督管理部门”修改为“药品监督管理部门”，“工商行政管理部门”修改为“市场监督管理部门”，“环境保护主管部门”修改为“生态环境主管部门”。

第八条第一款、第十条第一款、第十五条第一款中的“省、自治区、直辖市人民政府食品药品监督管理部门”修改为“省、自治区、直辖市人民政府药品监督管理部门”。

第十二条、第三十五条、第三十八条第一款、第四十条第二款中的“工商行政管理部门”修改为“市场监督管理部门”。

第三十条第四款中的“食品药品监督管理部门”修改为“药品监督管理部门”。

第三十二条第一款中的“食品药品监督管理部门”修改为“负责药品监督管理的部门”，“工商行政管理部门”修改为“市场监督管理部门”，“环境保护主管部门”修改为“生态环境主管部门”。

第三十三条第一款中的“环境保护主管部门”修改为“生态环境主管部门”。

第三十四条中的“县级人民政府食品药品监督管理部门”修改为“县级人民政府负责药品监督管理的部门”。

七、将《国务院关于经营者集中申报标准的规定》第三条、第四条中的“国务院商务主管部门”修改为“国务院反垄断执法机构”。

八、将《外国企业常驻代表机构登记管理条例》第五条第一款中的“省、自治区、直辖市人民政府工商行政管理部门”修改为“省、自治区、直辖市人民政府市场监督管理部门”。

第十二条第三项、第二十九条第一款、第三十三条第一款第四项中的“国家工商行政管理总局”修改为“国务院市场监督管理部门”。

九、将《戒毒条例》第四条第一款中的“药品监督管理部门”修改为“负责药品监督管理的部门”。

十、将《残疾预防和残疾人康复条例》第十二条修改为：“卫生主管部门在开展孕前和孕产期保健、产前筛查、产前诊断以及新生儿疾病筛查，传染病、地方病、慢性病、精神疾病等防控，心理保健指导等工作时，应当做好残疾预防工作，针对遗传、疾病、药物等致残因素，采取相应措施消除或者降低致残风险，加强临床早期康复介入，减少残疾的发生。

“公安、安全生产监督管理、食品安全监督管理、药品监督管理、生态环境、防灾减灾救灾等部门在开展交通安全、生产安全、食品安全、药品安全、生态环境保护、防灾减灾救灾等工作时，应当针对事故、环境污染、灾害等致残因素，采取相应措施，减少残疾的发生。”

第十三条中的“国务院卫生和计划生育、教育、民政等有关部门”修改为“国务院卫生、教育、民政等有关部门”。

第十四条中的“卫生和计划生育主管部门”修改为“卫生主管部门”。

第十七条第一款中的“卫生和计划生育、教育、民政等部门”修改为“卫生、教育、民政等部门”。

第二十八条第二款修改为：“县级以上人民政府卫生、教育等有关部门应当将残疾预防和残疾人康复知识、技能纳入卫生、教育等相关专业技术人员的继续教育。”

此外，对相关行政法规中的条文序号作相应调整。

本决定自公布之日起施行。

[司法解释、司法指导性文件与解读]

最高人民法院

关于公证债权文书执行若干问题的规定

法释〔2018〕18号

（2018年6月25日最高人民法院审判委员会第1743次会议通过 2018年9月30日最高人民法院公告公布 自2018年10月1日起施行）

为了进一步规范人民法院办理公证债权文书执行案件，确保公证债权文书依法执行，维护当事人、利害关系人的合法权益，根据《中华人民共和国民事诉讼法》《中华人民共和国公证法》等法律规定，结合执行实践，制定本规定。

第一条 本规定所称公证债权文书，是指根据公证法第三十七条第一款规定经公证赋予强制执行效力的债权文书。

第二条 公证债权文书执行案件，由被执行人住所地或者被执行的财产所在地人民法院管辖。

前款规定案件的级别管辖，参照人民法院受理第一审民商事案件级别管辖的规定确定。

第三条 债权人申请执行公证债权文书，除应当提交作为执行依据的公证债权文书等申请执行所需的材料外，还应当提交证明履行情况等内容的执行证书。

第四条 债权人申请执行的公证债权文书应当包括公证证词、被证明的债权文书等内容。权利义务主体、给付内容应当在公证证词中列明。

第五条 债权人申请执行公证债权文书，有下列情形之一的，人民法院应当裁定不予受理；已经受理的，裁定驳回执行申请：

（一）债权文书属于不得经公证赋予强制执行效力的文书；

（二）公证债权文书未载明债务人接受强制执行的承诺；

（三）公证证词载明的权利义务主体或者给付内容不明确；

（四）债权人未提交执行证书；

（五）其他不符合受理条件的情形。

第六条 公证债权文书赋予强制执行效力的范围同时包含主债务和担保债务的，人民法院应当依法予以执行；仅包含主债务的，对担保债务部分的执行申请不予受理；仅包含担保债务的，对主债务部分的执行申请不予受理。

第七条 债权人对不予受理、驳回执行申请裁定不服的，可以自裁定送达之日起十日内向上一级人民法院申请复议。

申请复议期满未申请复议，或者复议申请被驳回的，当事人可以就公证债权文书涉及的民事权利义务争议向人民法院提起诉讼。

第八条 公证机构决定不予出具执行证书的，当事人可以就公证债权文书涉及的民事权利义务争议直接向人民法院提起诉讼。

第九条 申请执行公证债权文书的期间自公证债权文书确定的履行期间的最后一日起计算；分期履行的，自公证债权文书确定的每次履行期间的最后一日起计算。

债权人向公证机构申请出具执行证书的，申请执行时效自债权人提出申请之日起中断。

第十条 人民法院在执行实施中，根据公证债权文书并结合申请执行人的申请依法确定给付内容。

第十一条 因民间借贷形成的公证债权文书，文书中载明的利率超过人民法院依照法律、司法解释规定应予支持的上限的，对超过的利息部分不纳入执行范围；载明的利率未超过人民法院依照法律、司法解释规定应予支持的上限，被执行人主张实际超过的，可以依照本规定第二十二条第一款规定提起诉讼。

第十二条 有下列情形之一的，被执行人可以依照民事诉讼法第二百三十八条第二款规定申请不予执行公证债权文书：

（一）被执行人未到场且未委托代理人到场办理公证的；

（二）无民事行为能力人或者限制民事行为能力人没有监护人代为办理公证的；

（三）公证员为本人、近亲属办理公证，或者办理与本人、近亲属有利害关系的公证的；

（四）公证员办理该项公证有贪污受贿、徇私舞弊行为，已经由生效刑事法律文书等确认的；

（五）其他严重违反法定公证程序的情形。

被执行人以公证债权文书的内容与事实不符或者违反法律强制性规定等实体事由申请不予执行的，人民法院应当告知其依照本规定第二十二条第一款规定提起诉讼。

第十三条 被执行人申请不予执行公证债权文书，应当在执行通知书送达之日起十五日内向执行法院提出书面申请，并提交相关证据材料；有本规定第十二条第一款第三项、第四项规定情形且执行程序尚未终结的，应当自知道或者应当知道有关事实之日起十五日内提出。

公证债权文书执行案件被指定执行、提级执行、委托执行后，被执行人申请不予执行的，由提出申请时负责该案件执行的人民法院审查。

第十四条 被执行人认为公证债权文书存在本规定第十二条第一款规定的多个不予执行事由的，应当在不予执行案件审查期间一并提出。

不予执行申请被裁定驳回后，同一被执行人再次提出申请的，人民法院不予受理。但有证据证明不予执行事由在不予执行申请被裁定驳回后知道的，可以在执行程序终结前提出。

第十五条 人民法院审查不予执行公证债权文书案件，案情复杂、争议较大的，应当进行听证。必要时可以向公证机构调阅公证案卷，要求公证机构作出书面说明，或者通知公证员到庭说明情况。

第十六条 人民法院审查不予执行公证债权文书案件，应当在受理之日起六十日内审查完毕并作出裁定；有特殊情况需要延长的，经本院院长批准，可以延长三十日。

第十七条 人民法院审查不予执行公证债权文书案件期间，不停止执行。

被执行人提供充分、有效的担保，请求停止相应处分措施的，人民法院可以准许；申请执行人提供充分、有效的担保，请求继续执行的，应当继续执行。

第十八条 被执行人依照本规定第十二条第一款规定申请不予执行，人民法院经审查认为理由成立的，裁定不予执行；理由不成立的，裁定驳回不予执行申请。

公证债权文书部分内容具有本规定第十二条第一款规定情形的，人民法院应当裁定对该部分不予执行；应当不予执行部分与其他部分不可分的，裁定对该公证债权文书不予执行。

第十九条 人民法院认定执行公证债权文书违背公序良俗的，裁定不予执行。

第二十条 公证债权文书被裁定不予执行的，当事人可以就该公证债权文书涉及的民事权利义务争议向人民法院提起诉讼；公证债权文书被裁定部分不予执行的，当事人可以就该部分争议提起诉讼。

当事人对不予执行裁定提出执行异议或者申请复议的，人民法院不予受理。

第二十一条 当事人不服驳回不予执行申请裁定的，可以自裁定送达之日起十日内向上一级人民法院申请复议。上一级人民法院应当自收到复议申请之日起三十日内审查。经审查，理由成立的，裁定撤销原裁定，不予执行该公证债权文书；理由不成立的，裁定驳回复议申请。复议期间，不停止执行。

第二十二条 有下列情形之一的，债务人可以在执行程序终结前，以债权人为被告，向执行法院提起诉讼，请求不予执行公证债权文书：

（一）公证债权文书载明的民事权利义务关系与事实不符；

（二）经公证的债权文书具有法律规定的无效、可撤销等情形；

（三）公证债权文书载明的债权因清偿、提存、抵销、免除等原因全部或者部分消灭。

债务人提起诉讼，不影响人民法院对公证债权文书的执行。债务人提供充分、有效的担保，请求停止相应处分措施的，人民法院可以准许；债权人提供充分、有效的担保，请求继续执行的，应当继续执行。

第二十三条 对债务人依照本规定第二十二条第一款规定提起的诉讼，人民法院经审理认为理由成立的，判决不予执行或者部分不予执行；理由不成立的，判决驳回诉讼请求。

当事人同时就公证债权文书涉及的民事权利义务争议提出诉讼请求的，人民法院可以在判决中一并作出裁判。

第二十四条 有下列情形之一的，债权人、利害关系人可以就公证债权文书涉及的民事权利义务争议直接向有管辖权的人民法院提起诉讼：

（一）公证债权文书载明的民事权利义务关系与事实不符；

（二）经公证的债权文书具有法律规定的无效、可撤销等情形。

债权人提起诉讼，诉讼案件受理后又申请执行公证债权文书的，人民法院不予受理。进入执行程序后债权人又提起诉讼的，诉讼案件受理后，人民法院可以裁定终结公证债权文书的执行；债权人请求继续执行其未提出争议部分的，人民法院可以准许。

利害关系人提起诉讼，不影响人民法院对公证债权文书的执行。利害关系人提供充分、有效的担保，请求停止相应处分措施的，人民法院可以准许；债权人提供充分、有效的担保，请求继续执行的，应当继续执行。

第二十五条 本规定自2018年10月1日起施行。

本规定施行前最高人民法院公布的司法解释与本规定不一致的，以本规定为准。

最高人民法院执行局负责人就公证债权文书执行相关问题答记者问

为进一步完善公证债权文书执行程序，充分发挥赋强公证在纠纷预防方面的功能，2018年6月25日最高人民法院审判委员会第1743次会议通过了《最高人民法院关于公证债权文书执行若干问题的规定》（以下简称《规定》），自2018年10月1日起施行。最高人民法院执行局负责人就《规定》涉及的主要问题，回答了记者提问。

问：我们注意到《规定》专门就债权人申请执行公证债权文书应当提交的材料作了规定，与其他执行依据相比，有何不同？

答：与判决、仲裁裁决等法律文书的执行略有不同，赋强公证程序中除公证债权文书之外，还存在执行证书这一特有文书。执行证书是在长期实践中探索形成的经验，在核实债务履行情况方面起到积极作用，故《规定》明确，债权人在申请执行时，除应当提交作为执行依据的公证债权文书之外，还应当一并提交执行证书，用以证明履行情况等内容。债权人申请执行时未提交执行证书的，则应当认定为不符合受理条件，不予受理其执行申请；已经受理的，应当裁定驳回执行申请。

问：公证债权文书载明的年利率未超过人民法院应予支持的上限，但当事人主张实际超过的，执行程序中如何审查认定？

答：《规定》关于利息区分执行的条款，仅针对的是公证债权文书明确载明的年利率超过人民法院依照法律、司法解释规定应予支持上限的情形。这是人民法院在执行实施中依职权主动审查的内容。根据目前审理民间借贷案件的有关规定，判决支持的利息有24%的利率上限规定，人民法院运用公权力对公证债权文书予以执行，也应当遵循这个标准。通过计算执行标的，人民法院以执行通知、裁定等方式明确告知当事人超出的利息部分不纳入执行范围，当事人如对该行为有异议，通过执行异议程序救济。如果公证债权文书载明的年利率未超过人民法院应予支持的上限，债务人主张存在以"违约金""服务费"等情形变相突破上限的，或者主张存在"利滚利""砍头息"等情形实质超过上限的，因属于实体争议，不适用利息区分执行的规定，债务人可以依据《规定》第二十二条第一款，通过提起诉讼予以救济。

问：将不予执行程序进行细化，区分程序和实体问题，分别通过不予执行审查程序和诉讼程序处理，主要基于何种考虑？

答：此前公证债权文书执行程序的法律规定较为粗疏，尤其是申请不予执行事由宽泛，提出申请的期限没有明确限制，导致有关不予执行的审查裁量标准难以统一，被执行人动辄提出不予执行申请，严重影响了该类案件的正常执行。同时，不予执行裁定去除了公证债权文书的执行力，但并不具有最终认定实体权利义务关系的功能，裁定不予执行后，当事人仍需通过诉讼取得新的执行依据，不仅增加司法成本，更不利于公证债权文书执行以及债权人及时实现权利。经过深入调研，《规定》最终改变了过去不予执行审查"一刀切"的粗放式做法，细化了不予执行程序，分别对程序问题和实体问题设置了不同救济途径。首先，在执行程序中申请不予执行，我们对事由作了列举式规定，为严重违反法定公证程序的情形。其次，通过诉讼请求不予执行，我们限定为公证债权文书载明的权利义务关系与事实不符等三类实体事由。针对两种救济路径，《规定》均对提出申请或者请求的时间、审查处理程序、执行程序的走向等问题进行了明确。当然，除了通过不予执行和诉讼进行救济之外，当事人、公证事项的利害关系人还可以根据公证法第三十九条的规定，向公证机构提出复查，请求公证机构撤销或者更正公证债权文书，维护自身合法权益。

问：允许当事人就实体争议直接提起诉讼，会不会出现滥诉的问题，是否会导致公证债权文书执行程序受到阻碍？

答：如何避免滥诉是我们在起草《规定》过程中重点关注的问题之一。《规定》起草过程中，我们与司法部等有关部门作了大量沟通，也进行了反复论证。应该说，允许实体争议通过诉讼程序解决，更能够确保执行程序的顺利推进，促进公证债权文书得到依法执行。

对于持有公证债权文书的债权人来说，毫无疑问，申请执行是最经济、最快捷、最稳妥的权利实现路径，因此，在公证债权文书内容符合其真实意思表示的情况下，债权人不会选择提起诉讼。对于债务人而言，允许实体争议进入诉讼也不会导致程序滥用。其一，不予执行案件当事人无需缴纳诉讼费，诉讼案件则收取诉讼费，出于经济考量，与此前笼统通过申请不予执行予以救济相比，债务人提起诉讼的意愿不会高于申请不予执行。其二，从数据上分析，以2017年为例，全国法院裁定不予执行公证债权文书的案件数量，仅占全部公证债权文书执行案件数量的2%。据此可以推断，允许实体争议直接进入诉讼，不会因此出现大量的诉讼案件。其三，诉讼不会必然对执行程序产生影响，在取得生效判决之前，公证债权文书作为执行依据，应当依法执行。《规定》对债务人提起诉讼的时间和事由都作了明确限制，同时合理设置了执行程序与诉讼程序的衔接，明确规定债务人提起诉讼不影响人民法院对公证债权文书的执行，确保执行程序不受阻碍，防止恶意诉讼。但需要特别注意，公证债权文书进入执行程序后，如果发现相关债权涉及“套路贷”诈骗等犯罪行为，人民法院应当依照相关规定移送公安机关或者检察机关。

最高人民法院
关于互联网法院审理案件若干问题的规定

法释〔2018〕16号

（2018年9月3日最高人民法院审判委员会第1747次
会议通过　2018年9月6日最高人民法院公告公布
自2018年9月7日起施行）

为规范互联网法院诉讼活动，保护当事人及其他诉讼参与人合法权益，确保公正高效审理案件，根据《中华人民共和国民事诉讼法》《中华人民共和国行政诉讼法》等法律，结合人民法院审判工作实际，就互联网法院审理案件相关问题规定如下。

第一条　互联网法院采取在线方式审理案件，案件的受理、送达、调解、证据交换、庭前准备、庭审、宣判等诉讼环节一般应当在线上完成。

根据当事人申请或者案件审理需要，互联网法院可以决定在线下完成部分诉讼环节。

第二条　北京、广州、杭州互联网法院集中管辖所在市的辖区内应当由基层人民法院受理的下列第一审案件：

（一）通过电子商务平台签订或者履行网络购物合同而产生的纠纷；

（二）签订、履行行为均在互联网上完成的网络服务合同纠纷；

（三）签订、履行行为均在互联网上完成的金融借款合同纠纷、小额借款合同纠纷；

（四）在互联网上首次发表作品的著作权或者邻接权权属纠纷；

（五）在互联网上侵害在线发表或者传播作品的著作权或者邻接权而产生的纠纷；

（六）互联网域名权属、侵权及合同纠纷；

（七）在互联网上侵害他人人身权、财产权等民事权益而产生的纠纷；

（八）通过电子商务平台购买的产品，因存在产品缺陷，侵害他人人身、财产权益而产生的产品责任纠纷；

（九）检察机关提起的互联网公益诉讼案件；

（十）因行政机关作出互联网信息服务管理、互联网商品交易及有关服务管理等行政行为而产生的行政纠纷；

（十一）上级人民法院指定管辖的其他互联网民事、行政案件。

第三条 当事人可以在本规定第二条确定的合同及其他财产权益纠纷范围内，依法协议约定与争议有实际联系地点的互联网法院管辖。

电子商务经营者、网络服务提供商等采取格式条款形式与用户订立管辖协议的，应当符合法律及司法解释关于格式条款的规定。

第四条 当事人对北京互联网法院作出的判决、裁定提起上诉的案件，由北京市第四中级人民法院审理，但互联网著作权权属纠纷和侵权纠纷、互联网域名纠纷的上诉案件，由北京知识产权法院审理。

当事人对广州互联网法院作出的判决、裁定提起上诉的案件，由广州市中级人民法院审理，但互联网著作权权属纠纷和侵权纠纷、互联网域名纠纷的上诉案件，由广州知识产权法院审理。

当事人对杭州互联网法院作出的判决、裁定提起上诉的案件，由杭州市中级人民法院审理。

第五条 互联网法院应当建设互联网诉讼平台（以下简称诉讼平台），作为法院办理案件和当事人及其他诉讼参与人实施诉讼行为的专用平台。通过诉讼平台作出的诉讼行为，具有法律效力。

互联网法院审理案件所需涉案数据，电子商务平台经营者、网络服务提供商、相关国家机关应当提供，并有序接入诉讼平台，由互联网法院在线核实、实时固定、安全管理。诉讼平台对涉案数据的存储和使用，应当符合《中华人民共和国网络安全法》等法律法规的规定。

第六条 当事人及其他诉讼参与人使用诉讼平台实施诉讼行为的，应当通过证件证照比对、生物特征识别或者国家统一身份认证平台认证等在线方式完成身份认证，并取得登录诉讼平台的专用账号。

使用专用账号登录诉讼平台所作出的行为，视为被认证人本人行为，但因诉讼平台技术原因导致系统错误，或者被认证人能够证明诉讼平台账号被盗用的除外。

第七条 互联网法院在线接收原告提交的起诉材料，并于收到材料后七日内，在线作出以下处理：

（一）符合起诉条件的，登记立案并送达案件受理通知书、诉讼费交纳通知书、举证通知书等诉讼文书。

（二）提交材料不符合要求的，及时发出补正通知，并于收到补正材料后次日重新起算受理时间；原告未在指定期限内按要求补正的，起诉材料作退回处理。

（三）不符合起诉条件的，经释明后，原告无异议的，起诉材料作退回处理；原告坚持继续起诉的，依法作出不予受理裁定。

第八条 互联网法院受理案件后，可以通过原告提供的手机号码、传真、电子邮箱、即时通讯账号等，通知被告、第三人通过诉讼平台进行案件关联和身份验证。

被告、第三人应当通过诉讼平台了解案件信息，接收和提交诉讼材料，实施诉讼行为。

第九条 互联网法院组织在线证据交换的，当事人应当将在线电子数据上传、导入诉讼平台，或者将线下证据通过扫描、翻拍、转录等方式进行电子化处理后上传至诉讼平台进行举证，也可以运用已经导入诉讼平台的电子数据证明自己的主张。

第十条 当事人及其他诉讼参与人通过技术手段将身份证明、营业执照副本、授权委托书、法定代表人身份证明等诉讼材料，以及书证、鉴定意见、勘验笔录等证据材料进行电子化处理后提交的，经互联网法院审核通过后，视为符合原件形式要求。对方当事人对上述材料真实性提出异议且有合理理由的，互联网法院应当要求当事人提供原件。

第十一条 当事人对电子数据真实性提出异议的，互联网法院应当结合质证情况，审查判断电子数据生成、收集、存储、传输过程的真实性，并着重审查以下内容：

（一）电子数据生成、收集、存储、传输所依赖的计算机系统等硬件、软件环境是否安全、可靠；

（二）电子数据的生成主体和时间是否明确，表现内容是否清晰、客观、准确；

（三）电子数据的存储、保管介质是否明确，保管方式和手段是否妥当；

（四）电子数据提取和固定的主体、工具和方式是否可靠，提取过程是否可以重现；

（五）电子数据的内容是否存在增加、删除、修改及不完整等情形；

（六）电子数据是否可以通过特定形式得到验证。

当事人提交的电子数据，通过电子签名、可信时间戳、哈希值校验、区块链等证据收集、固定和防篡改的技术手段或者通过电子取证存证平台认证，能够证明其真实性的，互联网法院应当确认。

当事人可以申请具有专门知识的人就电子数据技术问题提出意见。互联网法院可以根据当事人申请或者依职权，委托鉴定电子数据的真实性或者调取其他相关证据进行核对。

第十二条 互联网法院采取在线视频方式开庭。存在确需当庭查明身份、核对原件、查验实物等特殊情形的，互联网法院可以决定在线下开庭，但其他诉讼环节仍应当在线完成。

第十三条 互联网法院可以视情决定采取下列方式简化庭审程序：

（一）开庭前已经在线完成当事人身份核实、权利义务告知、庭审纪律宣示的，开庭时可以不再重复进行；

（二）当事人已经在线完成证据交换的，对于无争议的证据，法官在庭审中说明后，可以不再举证、质证；

（三）经征得当事人同意，可以将当事人陈述、法庭调查、法庭辩论等庭审环节合并进行。对于简单民事案件，庭审可以直接围绕诉讼请求或者案件要素进行。

第十四条 互联网法院根据在线庭审特点，适用《中华人民共和国人民法院法庭规则》的有关规定。除经查明确属网络故障、设备损坏、电力中断或者不可抗力等原因外，当事人不按时参加在线庭审的，视为“拒不到庭”，庭审中擅自退出的，视为“中途退庭”，分别按照《中华人民共和国民事诉讼法》《中华人民共和国行政诉讼法》及相关司法解释的规定处理。

第十五条 经当事人同意，互联网法院应当通过中国审判流程信息公开网、诉讼平台、手机短信、传真、电子邮件、即时通讯账号等电子方式送达诉讼文书及当事人提交的证据材料等。

当事人未明确表示同意，但已经约定发生纠纷时在诉讼中适用电子送达的，或者通过回复收悉、作出相应诉讼行为等方式接受已经完成的电子送达，并且未明确表示不同意电子送达的，可以视为同意电子送达。

经告知当事人权利义务，并征得其同意，互联网法院可以电子送达裁判文书。当事人提出需要纸质版裁判文书的，互联网法院应当提供。

第十六条 互联网法院进行电子送达，应当向当事人确认电子送达的具体方式和地址，并告知电子送达的适用范围、效力、送达地址变更方式以及其他需告知的送达事项。

受送达人未提供有效电子送达地址的，互联网法院可以将能够确认为受送达人本人的近三个月内处于日常活跃状态的手机号码、电子邮箱、即时通讯账号等常用电子地址作为优先送达地址。

第十七条 互联网法院向受送达人主动提供或者确认的电子地址进行送达的，送达信息到达受送达人特定系统时，即为送达。

互联网法院向受送达人常用电子地址或者能够获取的其他电子地址进行送达的，根据下列情形确定是否完成送达：

（一）受送达人回复已收到送达材料，或者根据送达内容作出相应诉讼行为的，视为完成有效送达。

（二）受送达人的媒介系统反馈受送达人已阅知，或者有其他证据可以证明受送达人已经收悉的，推定完成有效送达，但受送达人能够证明存在媒介系统错误、送达地址非本人所有或者使用、非本人阅知等未收悉送达内容的情形除外。

完成有效送达的，互联网法院应当制作电子送达凭证。电子送达凭证具有送达回证效力。

第十八条 对需要进行公告送达的事实清楚、权利义务关系明确的简单民事案件，互联网法院可以适用简易程序审理。

第十九条 互联网法院在线审理的案件，审判人员、法官助理、书记员、当事人及其他诉讼参与人等通过在线确认、电子签章等在线方式对调解协议、笔录、电子送达凭证及其他诉讼材料予以确认的，视为符合《中华人民共和国民事诉讼法》有关“签名”的要求。

第二十条 互联网法院在线审理的案件，可以在调解、证据交换、庭审、合议等诉讼环节运用语音识别技术同步生成电子笔录。电子笔录以在线方式核对确认后，与书面笔录具有同等法律效力。

第二十一条 互联网法院应当利用诉讼平台随案同步生成电子卷宗，形成电子档案。案件纸质档案已经全部转化为电子档案的，可以以电子档案代替纸质档案进行上诉移送和案卷归档。

第二十二条 当事人对互联网法院审理的案件提起上诉的，第二审法院原则上采取在线方式审理。第二审法院在线审理规则参照适用本规定。

第二十三条 本规定自2018年9月7日起施行。最高人民法院之前发布的司法解释与本规定不一致的，以本规定为准。

最高人民法院司改办负责人就互联网法院审理案件司法解释答记者问

为规范互联网法院诉讼活动，保护当事人及其他诉讼参与人合法权益，2018年9月3日，最高人民法院审判委员会第1747次会议审议通过了《最高人民法院关于互联网法院审理案件若干问题的规定》（以下简称《规定》），决定自2018年9月7日施行。最高人民法院司改办负责人就《规定》涉及的主要问题，回答了记者提问。

问：请介绍《规定》的出台背景、起草过程和主要目的？

答：习近平总书记指出，要提高网络综合治理能力，确保互联网在法治轨道上健康运行，自主创新推进网络强国建设。为深入贯彻习近平总书记关于依法治网、网络强国的重要思想，根据中央决策部署，世界首家互联网法院于2017年8月18日在浙江省杭州市挂牌成立。一年来，杭州互联网法院全面实行“网上纠纷网上审理”，不断完善互联网案件审理规则和裁判规则，形成了可复制可推广的互联网司法“杭州经验”。截至今年8月底，杭州互联网法院共受理互联网案件12103件，审结10646件，线上庭审平均用时28分钟，平均审理期限41天，比传统审理模式分别节约时间3/5、1/2，一审服判息诉率

98.59%。杭州互联网法院的运行实践和试点成效得到社会广泛认可，入选“首届数字中国建设年度最佳实践成果”，并被人民网评选为“改革开放40年的40个‘第一’”，在海内外引起强烈反响。

中央政法委、中央网信办、全国人大常委会法工委对杭州互联网法院的创新实践非常重视，北京市、广东省等有关地方对在互联网产业较集中的地区增设互联网法院非常积极，为此，最高人民法院配合中央网信办等有关部门到北京、浙江、广东等地多次开展深入调研，提出工作建议报请中央研究。2018年7月6日，习近平总书记主持召开中央全面深化改革委员会第三次会议，审议通过了《关于增设北京互联网法院、广州互联网法院的方案》（以下简称《增设方案》），决定设立北京、广州互联网法院。方案同时要求，由最高人民法院制定发布关于互联网法院审理案件的司法解释，明确互联网法院案件管辖范围，健全完善适应互联网审判特点的诉讼规则。

为确保《规定》内容能够紧跟互联网时代潮流、满足互联网司法发展需求，周强院长要求起草组扎实深入调研、广泛听取意见。李少平副院长率起草组在北京、广东三级法院调研互联网案件审判情况，并走访有代表性的互联网科技企业。起草组先后组织召开多场调研论证会，全面听取并吸收了全国人大监察和司法委员会、全国人大常委会法工委、中央网信办、最高人民检察院等相关部门同志、部分专家学者、法官和律师代表，以及互联网公司、金融机构、司法大数据公司的意见。

制定《规定》的主要目的：一是确定互联网法院的管辖范围和上诉机制。在北京、广州增设互联网法院后，我国将有三家互联网法院，为确保管辖统一、运行规范，需要以司法解释形式明确收案类型，防止各行其是。二是明确了在线审理机制运行规则。在线审理是全新事物，其他发达国家和地区的法院也正在初步探索阶段。我们在充分总结杭州互联网法院“网上纠纷网上审理”经验基础上，针对身份认证、电子数据导入、在线举证质证、电子送达等突出问题，健全完善了相关程序性规则，既有利于推动互联网法院公正高效审理案件，也有利于保障当事人及其他诉讼参与人合法权益。三是适应互联网法院全程在线的诉讼模式，结合审判实际对在线诉讼中如何正确适用民事诉讼法作出规定，为互联网法院依法办理案件设定规则边界和探索空间，有利于将互联网法院打造为推动审理方式、诉讼规则与互联网技术深度融合的司法实践平台。

问：请问增设北京、广州互联网法院有何重大意义？

答：在北京、广州增设互联网法院，其意义主要体现在以下几个方面：

第一，实现互联网审判体系的创新发展。从杭州互联网法院试点情况来看，通过集中管辖互联网案件、完善配套机制建设，有利于提升专业化审判水平，规范促进当地互联网产业发展。与杭州相比，北京、广州两地网络普及率、电商交易规模均居全国前列，互联网产业样态更为多元，新类型案件数量、种类较多。通过在北京、广州增设互联网法院，有利于丰富互联网司法实践，推动打造平台统一、数据畅通、规范有序、便民利民的互联网司法审判体系，实现人民法院审判体系和审判能力的现代化发展。根据《增设方案》，这次我们采取了“撤一设一”的方式设立互联网法院，即撤销北京铁路运输法院和广州铁路运输第二法院，另行设立北京互联网法院、广州互联网法院，是对司法资源的优化配置，方便两个新设法院专注互联网审判主业。

第二，强化互联网空间秩序的规范治理。通过对更多新型互联网案件的公正审理，有利于及时总结研究互联网产业发展的新情况新问题，以公正裁判引导和规范网络行为，强化对网络虚拟财产、知识产权、企业商业秘密、公民个人信息的保护力度，推动构建网络空间安全保障体系，强化网络空间综合治理能力，促进全面提升重要数据资源和个人信息安全保护能力，打造公平诚信、用户放心的网络环境。

第三，推广互联网空间全球治理的中国经验。互联网法院的增设和完善，是我国主动参与全球网络空间治理和规则制定的重大尝试。近年来，人民法院在智慧法院建设上的成就得到国际社会广泛认可。通过在北京、广州增设互联网法院，将进一步探索互联网司法新模式、新经验，总结形成网络治理的中国经验，以开放、包容的思路，积极开展国际司法合作交流，全面贯彻落实习近平总书记提出的推进全球互联网治理体系变革的“四项原则”和共同构建网络命运共同体的“五点主张”。

问：互联网法院管辖有哪些特点？

答：根据《增设方案》，互联网法院集中管辖所在市的辖区内应当由基层人民法院受理的特定类型互联网案件。《规定》立足互联网法院职能定位，围绕人民群众对互联网司法的新需求新期待，细化明确了互联网法院的案件管辖范围：（一）通过电子商务平台签订或者履行网络购物合同而产生的纠纷；（二）签订、履行行为均在互联网上完成的网络服务合同纠纷；（三）签订、履行行为均在互联网上完成的金融借款合同纠纷、小额借款合同纠纷；（四）在互联网上首次发表作品的著作权或者邻接权权属纠纷；（五）在互联网上侵害在线发表或者传播作品的著作权或者邻接权而产生的纠纷；（六）互联网域名权属、侵权及合同纠纷；（七）在互联网上侵害他人人身权、财产权等民事权益而产生的纠纷；（八）通过电子商务平台购买的产品，因存在产品缺陷，侵害他人人身、财产权益而产生的产品责任纠纷；（九）检察机关提起的互联网公益诉讼案件；（十）因行政机关作出互联网信息服务管理、互联网商品交易及有关服务管理等行政行为而产生的行政纠纷；（十一）上级人民法院指定管辖的其他互联网民事、行政案件。

上述管辖范围，主要体现了以下三个特点：一是互联网特性更加突出。《规定》立足全程在线审理原则，凸显了相关案件的互联网特性，方便案件在线审理、证据在线提取。例如，对互联网合同类案件强调“签订、履行行为均在互联网上”，对互联网民事侵权类案件强调“在互联网上发生”，对侵犯网络著作权案件强调相关作品应当是“在线发表”或者“在线传播”等。二是所涉纠纷领域更加广泛。《规定》在原杭州互联网法院案件管辖范围基础上，将在互联网上侵害他人人格权纠纷扩展为在互联网上侵害他人人身权、财产权等民事权益而产生的纠纷；新增了检察机关提起的互联网公益诉讼案件；将互联网行政纠纷进一步细化为互联网信息服务管理、互联网商品交易及有关服务管理等行政纠纷。三是管辖方式更为灵活。为便利当事人诉讼，《规定》明确当事人可以依法协议约定与争议有实际联系地点的互联网法院管辖，如原告住所地、被告住所地、签订或者履行合同的互联网平台经营者住所地等。但是，电子商务经营者、网络服务提供商等采取格式条款形式与用户订立管辖协议的，应当符合法律及司法解释关于格式条款的规定。

上诉机制方面，当事人对互联网法院作出的判决、裁定提起上诉的案件，原则上应当由其所在市的中级人民法院审理。由于北京市现有四个中级人民法院，《规定》指定由北京市第四中级人民法院受理北京互联网法院部分上诉案件。同时，考虑到北京、广州两地已设立知识产权法院，为遵循法律统一适用机制，北京、广州互联网法院审理的互联网著作权权属纠纷和侵权纠纷、互联网域名纠纷的上诉案件，分别由北京、广州知识产权法院受理，业务上接受相应知识产权法院的监督指导。

问：对互联网法院的诉讼平台建设有何要求，其安全性和中立性如何保障？

答：互联网法院诉讼平台是当事人开展在线诉讼活动和法官在线办理案件的专用平台。根据《规定》要求，诉讼平台在建设和使用上应当具备以下三个功能。一是载体的多样性。互联网法院应当建设适用于电脑端的网站平台，也应当综合运用微信小程序等新兴技术手段，打造方便、快捷、安全的移动终端平台；二是功能的集约性。诉讼平台应当包含起诉、受理、送达、调解、举证、质证、庭审、上诉等多重功能模块，整合内嵌相关审判辅助系统，探索运用人工智能、物联网、云计算、区块链、虚拟现实/增强现实（VR/AR）等技术，提供各类智能化办案辅助。三是数据的交互性。诉讼平台应当开放数据接口，根据案件审理需要，有序接入电子商务平台经营者、网络服务提供商、相关国家机关等占有的涉案数据。

在互联网法院建设过程中，社会各界非常关心司法数据安全和当事人的信息保护，我们一直高度重视诉讼平台系统、数据的安全性和中立性。《规定》明确要求：诉讼平台接入数据应当有序接入、安全管理，对涉案数据的存储和使用，应当符合《中华人民共和国网络安全法》等法律法规的规定。诉讼平台的建设应当坚持合法有序、兼容并包、自主可靠、安全可控等原则。诉讼平台的搭建维护、数据流转、风险防控等事务，应当由法院或中立第三方企业完成。互联网法院应当规范引导多方技术力量共同参与平台的开发建设，严守技术中立底线，防止个别互联网企业成为诉讼平台实际控制人，确保系统、数据安全，切实维护平台公信力。

问：请问互联网法院在审理方式上有哪些创新？

答：互联网法院并非简单的“互联网 + 审判”，而是综合运用互联网新兴技术，推动审判流程再造和诉讼规则重塑，是对传统审判方式的一次革命性重构。在审理方式上有着以下创新突破：

第一，实现全流程在线审理。互联网法院以在线方式审理案件，依托互联网诉讼平台，实现起诉、受理、送达、调解、证据交换、庭前准备、庭审、宣判等全流程在线完成，当事人足不出户即可完成诉讼。为确保“全流程在线”贯穿诉讼始终，《规定》要求对互联网法院审理第一审案件提起上诉的，第二审法院原则上也采用在线方式审理。

第二，实现电子数据的在线接入。互联网法院通过诉讼平台有序接入相关机构占有的涉案电子数据，实现在线数据的实时导入、安全存储和合法使用。依托诉讼平台数据导入机制，互联网法院能够在线提取涉案信息、核实当事人身份，及时固定证据，为当事人举证和法院调证、认证提供安全便捷的形式和渠道。

第三，实现电子送达的广泛适用。“送达难”一直是困扰传统法院审判的“痛点”。《规定》以问题为导向，以互联网运用和信息技术发展的社会现实为基础，以公正便捷解决纠纷、满足人民群众司法需求为出发点，全面规定了电子送达的适用条件、内容范围、手段方式和生效规则，促进电子送达的有序适用。互联网法院可以通过中国审判流程信息公开网、互联网诉讼平台、手机短信、传真、电子邮件、即时通讯账号等多种方式送达，基本囊括了现行有效的所有通讯形式。《规定》确立了“默示同意规则”，明确当事人就电子送达作出过事前约定或事后认可的，可以视为同意，在充分尊重当事人意愿的基础上，合理界定了电子送达适用条件。

第四，实现电子案卷的智能生成与流转。互联网法院充分运用信息技术优势，在调解、庭审等多个诉讼环节利用语音识别技术同步生成电子笔录，方便当事人在线核对确认。互联网法院还可以利用统一诉讼平台，随案同步生成电子卷宗，在诉讼服务、审判管理和智能辅助办案等领域深度开发应用。卷宗以电子档案形式进行归档存储和上诉移转，真正实现了“无纸化”审判，进一步提升了互联网法院审判工作的自动化、智能化水平。

人民法院办理执行案件规范

（第 966 条 ~ 第 973 条）

第二十六章　执行复议案件

966.【申请复议的形式要件】

复议申请人申请复议，应当向人民法院提交申请书。申请书应当载明具体的复议请求、事实、理由等内容，并附下列材料：

（一）复议申请人的身份证明；

（二）相关证据材料；

（三）送达地址和联系方式。①

967.【执行复议案件的审查处理】

上一级人民法院对不服异议裁定的复议申请审查后，应当按照下列情形，分别处理：

（一）异议裁定认定事实清楚，适用法律正确，结果应予维持的，裁定驳回复议申请，维持异议裁定；

（二）异议裁定认定事实错误，或者适用法律错误，结果应予纠正的，裁定撤销或者变更异议裁定；

（三）异议裁定认定基本事实不清、证据不足的，裁定撤销异议裁定，发回作出裁定的人民法院重新审查，或者查清事实后作出相应裁定；

（四）异议裁定遗漏异议请求或者存在其他严重违反法定程序的情形，裁定撤销异议裁定，发回作出裁定的人民法院重新审查；

（五）异议裁定对应当适用民事诉讼法第二百二十七条规定审查处理的异议，错误适用民事诉讼法第二百二十五条规定审查处理的，裁定撤销异议裁定，发回作出裁定的人民法院重新作出裁定。

除依照本条第一款第三、四、五项发回重新审查或者重新作出裁定的情形外，裁定撤销或者变更异议裁定且执行行为可撤销、变更的，应当同时撤销或者变更该裁定维持的执行行为。

人民法院对发回重新审查的案件作出裁定后，当事人、利害关系人申请复议的，上一级人民法院复议后不得再次发回重新审查。②

968.【不予受理执行异议或驳回异议申请的复议审查】

异议人对不予受理执行异议或者驳回异议申请裁定不服申请复议，上一级人民法院审查后认为符合受理条件的，应当裁定撤销原裁定，指令执行法院立

① 参照《最高人民法院关于人民法院办理执行异议和复议案件若干问题的规定》（法释〔2015〕10号）第一条。

② 《最高人民法院关于人民法院办理执行异议和复议案件若干问题的规定》（法释〔2015〕10号）第二十三条。

案或者对执行异议进行审查。①

969.【多人复议的一并审查】

多方当事人对同一异议裁定申请复议的，上一级人民法院应当一并审查。

970.【复议案件的审查期限】

当事人、利害关系人依照民事诉讼法第二百二十五条规定申请复议的，上一级人民法院应当自收到复议申请之日起三十日内审查完毕，并作出裁定。有特殊情况需要延长的，经本院院长批准，可以延长，延长的期限不得超过三十日。②

971.【复议审查期间的执行】

执行复议期间，不停止执行。

被执行人、利害关系人提供充分、有效的担保请求停止相应处分措施的，人民法院可以准许；申请执行人提供充分、有效的担保请求继续执行的，应当继续执行。③

972.【驳回不予执行公证债权文书申请的复议】

当事人不服驳回不予执行公证债权文书申请的裁定申请复议的，上一级人民法院应当自收到复议申请之日起三十日内审查，理由成立的，裁定撤销原裁定，不予执行该公证债权文书；理由不成立的，裁定驳回复议申请。复议期间，不停止执行。④

973.【对强制措施、间接执行措施复议的特别规定】

对执行法院作出的拘留、罚款、限制出境决定，及对被纳入失信被执行人名单的纠正申请予以驳回的决定申请复议的，依照本规范第十四章的有关规定办理，不适用本章规定。

---

① 参照《最高人民法院关于人民法院办理执行异议和复议案件若干问题的规定》（法释〔2015〕10号）第二条第三款。

② 参照《最高人民法院关于适用〈中华人民共和国民事诉讼法〉执行程序若干问题的解释》（法释〔2008〕13号）第九条。

③ 参照《最高人民法院关于适用〈中华人民共和国民事诉讼法〉执行程序若干问题的解释》（法释〔2008〕13号）第十条。

④ 参照《最高人民法院关于人民法院办理执行异议和复议案件若干问题的规定》（法释〔2015〕10号）第十条。

[部门规章、规章性文件与解读]

国家发展和改革委员会　中国人民银行　国家卫生健康委员会　中央组织部　中央宣传部　中央机构编制委员会办公室　中央文明办　中央网络安全和信息化领导小组办公室　最高人民法院　工业和信息化部　公安部　人力资源和社会保障部　自然资源部　住房和城乡建设部　交通运输部　商务部　文化和旅游部　国务院国有资产监督管理委员会　中华人民共和国海关总署　国家市场监督管理总局　中国银行保险监督管理委员会　中国证券监督管理委员会　中华全国总工会　中国共产主义青年团　中华全国妇女联合会　中国民用航空局　国家中医药管理局　中国铁路总公司

印发《关于对严重危害正常医疗秩序的失信行为责任人实施联合惩戒合作备忘录》的通知

2018 年 9 月 25 日　　　　发改财金〔2018〕1399 号

各省、自治区、直辖市、新疆生产建设兵团有关部门、机构：

为全面贯彻党的十九大和十九届二中、三中全会精神，以习近平新时代中国特色社会主义思想为指导，落实《国务院关于建立完善守信联合激励和失信联合惩戒制度加快推进社会诚信建设的指导意见》（国发〔2016〕33 号）

和《国务院关于印发社会信用体系建设规划纲要（2014－2020年）的通知》（国发〔2014〕21号）等有关文件要求，加快推进医疗服务领域信用体系建设，打击暴力杀医伤医以及在医疗机构寻衅滋事等严重危害正常医疗秩序的失信行为，建立健全失信联合惩戒机制，国家发展改革委、人民银行、卫生健康委、中央组织部、中央宣传部、中央编办、中央文明办、中央网信办、最高人民法院、工业和信息化部、公安部、人力资源社会保障部、自然资源部、住房城乡建设部、交通运输部、商务部、文化和旅游部、国资委、海关总署、市场监管总局、银保监会、证监会、全国总工会、共青团中央、全国妇联、民航局、中医药局、铁路总公司等部门联合签署了《关于对严重危害正常医疗秩序的失信行为责任人实施联合惩戒合作备忘录》。现印发给你们，请认真贯彻执行。

附件：关于对严重危害正常医疗秩序的失信行为责任人实施联合惩戒合作备忘录

附件

关于对严重危害正常医疗秩序的失信行为责任人实施联合惩戒合作备忘录

为全面贯彻党的十九大和十九届二中、三中全会精神，以习近平新时代中国特色社会主义思想为指导，落实《国务院关于建立完善守信联合激励和失信联合惩戒制度加快推进社会诚信建设的指导意见》（国发〔2016〕33号）和《国务院关于印发社会信用体系建设规划纲要（2014—2020年）的通知》（国发〔2014〕21号）等有关文件要求，加快推进医疗服务领域信用体系建设，打击暴力杀医伤医以及在医疗机构寻衅滋事等严重危害正常医疗秩序的失信行为，建立健全失信联合惩戒机制，国家发展改革委、人民银行、卫生健康委、中央组织部、中央宣传部、中央编办、中央文明办、中央网信办、最高人民法院、工业和信息化部、公安部、人力资源社会保障部、自然资源部、住房城乡建设部、交通运输部、商务部、文化和旅游部、国资委、海关总署、市场监管总局、银保监会、证监会、全国总工会、共青团中央、全国妇联、民航局、中医药局、铁路总公司等部门就医疗服务领域涉医违法犯罪行为人开展联合惩戒工作达成以下意见。

一、联合惩戒的对象

联合惩戒对象是指因实施或参与涉医违法犯罪活动，被公安机关处以行政拘留以上处罚，或被司法机关追究刑事责任的严重危害正常医疗秩序的自然人。本备忘录中所提及的严重危害正常医疗秩序的失信行为是指倒卖医院号源等破坏、扰乱医院正常诊疗秩序的涉医违法犯罪活动，以及2014年4月28日最高人民法院、最高人民检察院、公安部、原国家卫生计生委联合印发的《关于依法惩处涉医违法犯罪维护正常医疗秩序的意见》中所列举的6类涉医违法犯罪活动。这6类涉医违法犯罪活动主要包括以下情形：

（一）在医疗机构内故意伤害医务人员、损毁公私财物的；

（二）扰乱医疗秩序的；

（三）非法限制医务人员人身自由的；

（四）侮辱恐吓医务人员的；

（五）非法携带枪支、弹药、管制器具或危险物品进入医疗机构的；

（六）教唆他人或以受他人委托为名实施涉医违法犯罪行为的。

二、跨部门联合惩戒措施

（一）限制补贴性资金支持。

（实施单位：国家发展改革委、国资委）

（二）引导保险公司按照风险定价原则调整财产保险费率。

（实施单位：银保监会）

（三）将其严重危害正常医疗秩序的失信行为作为限制享受优惠性政策的重要参考因素。

（实施单位：国家发展改革委、商务部、海关总署、市场监管总局）

（四）限制担任国有企业法定代表人、董事、监事、高级管理人员。

（实施单位：中央组织部、国资委、市场监管总局）

（五）限制登记为事业单位法定代表人。

（实施单位：中央编办）

（六）限制招录（聘）为公务员或事业单位工作人员。

（实施单位：中央组织部、人力资源社会保障部）

（七）按程序及时撤销相关荣誉，取消惩戒对象参加评先评优资格，不得向惩戒对象授予“道德模范”、“劳动模范”、“五一劳动奖章”等荣誉。

（实施单位：中央文明办、全国总工会、共青团中央、全国妇联等有关单位）

（八）未按执行通知书指定的期间履行生效法律文书确定的给付义务并被人民法院依法采取限制消费措施的，或未履行生效法律文书确定的义务被人民法院依法纳入失信被执行人名单的，限制其乘坐飞机、列车软卧、G 字头动车组列车、其他动车组列车一等以上座位等高消费及其他非生活和工作必需的消费行为。

（实施单位：交通运输部、铁路总公司、民航局、文化和旅游部、自然资源部、住房城乡建设部、最高人民法院）

（九）将严重危害正常医疗秩序的失信行为人纳入全国信用信息共享平台并通报其所在单位。

（实施单位：卫生健康委、公安部）

（十）将严重危害正常医疗秩序的失信行为人通过“信用中国”网站及其他主要新闻网站等向社会公布。

（实施单位：中央宣传部、中央网信办）

（十一）限制取得认证机构资质。

（实施单位：市场监管总局）

（十二）将违法失信信息作为证券公司、保险公司、基金管理公司及期货公司的设立及股权或实际控制人变更审批或备案，保险中介业务许可或保险专业中介机构股东、实际控制人变更备案，私募投资基金管理人登记、重大事项变更以及基金备案时的重要参考。

（实施单位：证监会、银保监会）

（十三）将违法失信信息作为证券公司、保险公司、基金管理公司、期货公司的董事、监事和高级管理人员及分支机构负责人任职审批或备案的参考。

（实施单位：证监会、银保监会）

（十四）将违法失信信息作为独立基金销售机构审批时的参考。对存在失信记录的相关主体在证券、基金、期货从业资格申请中予以从严审核，对已成为证券、基金、期货从业人员的相关主体予以重点关注。

（实施单位：证监会）

（十五）限制享受投资等领域优惠政策。

（实施单位：国家发展改革委等有关单位）

（十六）在申请经营性互联网信息服务时，将其失信信息作为审核相关许可的重要参考。

（实施单位：工业和信息化部）

三、联合惩戒实施方式

（一）公安部向卫生健康委提供严重危害正常医疗秩序的失信行为人名单信息。卫生健康委通过全国信用信息共享平台向参与联合惩戒的部门提供该名单信息。相关部门收到相关名单后根据本备忘录约定的内容对其实施惩戒。

（二）建立惩戒效果定期通报机制，相关部门定期将联合惩戒措施的实施情况通过全国信用信息共享平台反馈至国家发展改革委和卫生健康委。

（三）涉及地方事权的，由地方公安机关定期向当地卫生健康行政部门提供严重危害正常医疗秩序的失信行为人名单信息。地方卫生健康行政部门将公安机关提供的严重危害正常医疗秩序的失信行为人名单推送至其他部门，由其他部门按照本备忘录采取惩戒措施。

（四）建立联合惩戒退出机制。联合惩戒的实施期限自行为人被治安或刑事处罚结束之日起计算，满五年为止。期间再次发生严重危害正常医疗秩序的失信行为的，惩戒期限累加计算。惩戒实施期限届满即退出联合惩戒。

四、联合惩戒动态管理

卫生健康委对严重危害正常医疗秩序的失信行为等严重违法违规名单进行动态管理，及时补充、撤销和更新相关信息，并及时推送至参与严重危害正常医疗秩序的失信行为联合惩戒的相关部门，对于从该严重违法违规名单中撤销的主体，相关部门应当及时停止实施惩戒措施。

五、其他事宜

各部门应当密切协作，积极落实本备忘录。实施过程中涉及部门之间协调配合的问题，由各部门协商解决。

本备忘录签署后，各项惩戒措施所依据的法律、法规、规章及规范性文件有修改或调整的，以修改后的法律、法规、规章及规范性文件为准。

附表：联合惩戒措施相关依据和实施单位

附表

联合惩戒措施相关依据和实施单位

惩罚措施	相关法律依据	实施单位
（一）限制补贴性资金支持	**《国务院关于印发社会信用体系建设规划纲要（2014－2020年）的通知》（国发〔2014〕21号）** 发挥政府诚信建设示范作用。各级人民政府首先要加强自身诚信建设，以政府的诚信施政，带动全社会诚信意识的树立和诚信水平的提高。在行政许可、政府采购、招标投标、劳动就业、社会保障、科研管理、干部选拔任用和管理监督、申请政府资金支持等领域，率先使用信用信息和信用产品，培育信用服务市场发展。	国家发展改革委、国资委
（二）引导保险公司按照风险定价原则调整财产保险费率	**《国务院关于建立完善守信联合激励和失信联合惩戒制度加快推进社会诚信建设的指导意见》（国发〔2016〕33号）** 引导商业银行、证券期货经营机构、保险公司等金融机构按照风险定价原则，对严重失信主体提高贷款利率和财产保险费率，或者限制向其提供贷款、保荐、承销、保险等服务。	银保监会
（三）将其严重危害正常医疗秩序的失信行为作为限制享受优惠性政策的重要参考因素	**《国务院关于印发社会信用体系建设规划纲要（2014－2020年）的通知》（国发〔2014〕21号）** 加强对失信主体的约束和惩戒。强化行政监管性约束和惩戒。在现有行政处罚措施的基础上，健全失信惩戒制度，建立各行业黑名单制度和市场退出机制。推动各级人民政府在市场监管和公共服务的市场准入、资质认定、行政审批、政策扶持等方面实施信用分类监管，结合监管对象的失信类别和程度，使失信者受到惩戒。逐步建立行政许可申请人信用承诺制度，并开展申请人信用审查，确保申请人在政府推荐的征信机构中有信用记录，配合征信机构开展信用信息采集工作。推动形成市场性约束和惩戒。制定信用基准性评价指标体系和评价方法，完善失信信息记录和披露制度，使失信者在市场交易中受到制约。推动形成行业性约束和惩戒。通过行业协会制定行业自律规则并监督会员遵守。对违规的失信者，按照情节轻重，对机构会员和个人会员实行警告、行业内通报批评、公开谴责等惩戒措施。推动形成社会性约束和惩戒。完善社会舆论监督机制，加强对失信行为的披露和曝光，发挥群众评议讨论、批评报道等作用，通过社会的道德谴责，形成社会震慑力，约束社会成员的失信行为。 建立多部门、跨地区信用联合奖惩机制。通过信用信息交换共享，实现多部门、跨地区信用奖惩联动，使守信者处处受益、失信者寸步难行。	国家发展改革委、商务部、海关总署、市场监管总局

惩罚措施	相关法律依据	实施单位
（四）限制担任国有企业法定代表人、董事、监事、高级管理人员	1. **《中华人民共和国企业国有资产法》** 第二十三条　履行出资人职责的机构任命或者建议任命的董事、监事、高级管理人员，应当具备下列条件： （1）有良好的品行； （2）有符合职位要求的专业知识和工作能力； （3）有能够正常履行职责的身体条件； （4）法律、行政法规规定的其他条件。 董事、监事、高级管理人员在任职期间出现不符合前款规定情形或者出现《中华人民共和国公司法》规定的不得担任公司董事、监事、高级管理人员情形的，履行出资人职责的机构应当依法予以免职或者提出免职建议。 2. **《企业法人法定代表人登记管理规定》第四条的有关规定**	中央组织部、国资委、市场监管总局
（五）限制登记为事业单位法定代表人	1. **《中央编办关于批转〈事业单位、社会团体及企业等组织利用国有资产举办事业单位设立登记办法（试行）〉的通知》（中央编办发（2015）132 号）** 第四条　登记事项要求：（四）法定代表人。应当是具有完全民事行为能力的中国公民，且为该单位主要行政负责人，年龄一般不超过70 周岁，无不良信用记录。担任过其他机构法定代表人的，在任职期间，该机构无不良信用记录。党政机关领导干部在职或退休后拟担任法定代表人的，应当符合干部管理有关规定。 2. **《事业单位登记管理暂行条例实施细则》（中央编办发（2014）4 号）** 第三十一条　事业单位法定代表人应当具备下列条件：（一）具有完全民事行为能力的自然人；（二）该事业单位的主要行政负责人；违反法律、法规和政策规定产生的事业单位主要行政负责人，不得担任事业单位法定代表人。	中央编办
（六）限制招录（聘）为公务员或事业单位工作人员	**《中华人民共和国公务员法》** 第十一条　公务员应当具备下列条件：（一）具有中华人民共和国国籍；（二）年满十八周岁；（三）拥护中华人民共和国宪法；（四）具有良好的品行；（五）具有正常履行职责的身体条件；（六）具有符合职位要求的文化程度和工作能力；（七）法律规定的其他条件。 第十二条　公务员应当履行以下义务：（一）模范遵守宪法和法律；（二）按照规定的权限和程序认真履行职责，努力提高工作效率；（三）全心全意为人民服务，接受人民监督；（四）维护国家安全、荣誉和利益；（五）忠于职守，勤勉尽责，服从和执行上级依法作出的决定和命令；（六）保守国家秘密和工作秘密；（七）遵守纪律，恪守职业道德，模范遵守社会公德；（八）清正廉洁，公道正派；（九）法律规定的其他义务。 第二十一条　录用担任主任科员以下及其他相当职务层次的非领导职务公务员，采取公开考试、严格考察、平等竞争、择优录取的办法。 第二十四条　下列人员不得录用为公务员：（一）曾因犯罪受过刑事处罚的；（二）曾被开除公职的；（三）有法律规定不得录用为公务员的其他情形的。 **《事业单位公开招聘人员暂行规定》** 第九条　应聘人员必须具备下列条件：（一）具有中华人民共和国国籍；（二）遵守宪法和法律；（三）具有良好的品行；（四）岗位所需的专业和技能条件；（五）适应岗位要求的身体条件；（六）岗位所需的其他条件。	中央组织部、人力资源社会保障部

惩罚措施	相关法律依据	实施单位
（七）按程序及时撤销相关荣誉，取消惩戒对象参加评先评优资格，不得向惩戒对象授予“道德模范”、“劳动模范”、“五一劳动奖章”等荣誉	**《关于印发〈全国道德模范荣誉称号管理暂行办法〉的通知》（文明委〔2015〕6号）** 第七条　全国道德模范及提名奖获得者产生道德滑坡，有下列情形之一的，所在属地管理责任部门向中央文明办提交调查报告，经中央文明办批准后撤销荣誉称号，收回奖章和证书。 （三）生产经营活动严重失信的； （四）违反环境保护、计划生育、民族团结和税务、工商、安全生产政策法规的； **《全国五一劳动奖状全国五一劳动奖章全国工人先锋号评选管理工作暂行办法》（总工发〔2011〕77号）** 第七条　评选全国五一劳动奖状、全国五一劳动奖章、全国工人先锋号要面向基层、面向一线职工，坚持公开、公平、公正的原则，严格推荐评选审批程序，接受群众监督。 （四）有拖欠职工工资，欠缴职工养老、工伤、医疗、失业、生育保险，违反国家计划生育政策，未组建工会，未建立职代会和集体合同制度，劳动关系不和谐，能源消耗超标，环境污染严重等情形之一的企业和企业负责人当年不得申报全国五一劳动奖状、全国五一劳动奖章。发生安全生产事故、严重职业危害或群体性事件的企业和企业负责人自事发起三年内不得申报全国五一劳动奖状、全国五一劳动奖章。 **《国务院关于促进市场公平竞争维护市场正常秩序的若干意见》（国发〔2014〕20号）** 建立健全守信激励和失信惩戒机制。将市场主体的信用信息作为实施行政管理的重要参考。根据市场主体信用状况实行分类分级、动态监管，建立健全经营异常名录制度，对违背市场竞争原则和侵犯消费者、劳动者合法权益的市场主体建立“黑名单”制度。对守信主体予以支持和激励，对失信主体在经营、投融资、取得政府供应土地、进出口、出入境、注册新公司、工程招投标、政府采购、获得荣誉、安全许可、生产许可、从业任职资格、资质审核等方面依法予以限制或禁止，对严重违法失信主体实行市场禁入制度。	中央文明办、全国总工会、共青团中央、全国妇联等有关单位

惩罚措施	相关法律依据	实施单位
（八）对未按执行通知书指定的期间履行生效法律文书确定的给付义务并被人民法院依法采取限制消费措施的，或未履行生效法律文书确定的义务被人民法院依法纳入失信被执行人名单的，限制其乘坐飞机、列车软卧、G字头动车组列车、其他动车组列车一等以上座位等高消费及其他非生活和工作必需的消费行为	**《最高人民法院关于限制被执行人高消费及有关消费的若干规定》** 第一条　被执行人未按执行通知书指定的期间履行生效法律文书确定的给付义务的，人民法院可以采取限制消费措施，限制其高消费及非生活或者经营必需的有关消费。纳入失信被执行人名单的被执行人，人民法院应当对其采取限制消费措施。 第三条　被执行人为自然人的，被采取限制消费措施后，不得有以下高消费及非生活和工作必需的消费行为： （一）乘坐交通工具时，选择飞机、列车软卧、轮船二等以上舱位； （二）在星级以上宾馆、酒店、夜总会、高尔夫球场等场所进行高消费； （三）购买不动产或者新建、扩建、高档装修房屋； （四）租赁高档写字楼、宾馆、公寓等场所办公； （五）购买非经营必需车辆； （六）旅游、度假； （七）子女就读高收费私立学校； （八）支付高额保费购买保险理财产品； （九）乘坐G字头动车组列车全部座位、其他动车组列车一等以上座位等其他非生活和工作必需的消费行为。 《国务院关于建立完善守信联合激励和失信联合惩戒制度加快推进社会诚信建设的指导意见》（国发〔2016〕33号） 督促有关企业和个人履行法定义务，对有履行能力但拒不履行的严重失信主体实施限制出境和限制购买不动产、乘坐飞机、乘坐高等级列车和席次、旅游度假、入住星级以上宾馆及其他高消费行为等措施。	交通运输部、铁路总公司、民航局、文化和旅游部、自然资源部、住房城乡建设部、最高人民法院
（九）将严重危害正常医疗秩序的失信行为人纳入全国信用信息共享平台并通报其所在单位	**《严密防控涉医违法犯罪维护正常医疗秩序的意见》第十条** 卫生计生行政部门、公安机关应当将涉医违法犯罪行为人纳入社会信用体系，依法依规施行联合惩戒并通报其所在单位。卫生计生行政部门、公安机关应当建立涉医违法犯罪案件处置督办单位通报机制。涉医违法犯罪处置的考核评价工作由上级部门组织，并将医务人员、患者对维护医疗秩序工作的满意度纳入评价体系。	卫生健康委、公安部

惩罚措施	相关法律依据	实施单位
(十)将严重危害正常医疗秩序的失信行为责任人通过“信用中国”网站及其他主要新闻网站等向社会公布	**《国务院关于印发社会信用体系建设规划纲要(2014-2020年)的通知》(国发〔2014〕21号)** 完善社会舆论监督机制,加强对失信行为的披露和曝光,发挥群众评议讨论、批评报道等作用,通过社会的道德谴责,形成社会震慑力,约束社会成员的失信行为。 《中华人民共和国政府信息公开条例》 第九条　行政机关对符合下列基本要求之一的政府信息应当主动公开: (1)涉及公民、法人或者其他组织切身利益的; (2)需要社会公众广泛知晓或者参与的; (3)反映本行政机关机构设置、职能、办事程序等情况的; (4)其他依照法律、法规和国家有关规定应当主动公开的。	中央宣传部、中央网信办
(十一)限制取得认证机构资质	**《中共中央办公厅国务院办公厅印发〈关于加快推进失信被执行人信用监督、警示和惩戒机制建设的意见〉的通知》(中办发〔2016〕64号)** “(四)准入资格限制,限制失信被执行人从事危险化学品生产经营储存、烟花爆竹生产经营、矿山生产和安全评价、认证、检测、检验等行业;限制失信被执行人担任上述行业单位主要负责人及董事、监事、高级管理人员,已担任相关职务的,按规定程序要求予以变更。” **《国务院关于印发社会信用体系建设规划纲要(2014-2020年)的通知》(国发〔2014〕21号)** 发挥政府诚信建设示范作用。各级人民政府首先要加强自身诚信建设,以政府的诚信施政,带动全社会诚信意识的树立和诚信水平的提高。在行政许可、政府采购、招标投标、劳动就业、社会保障、科研管理、干部选拔任用和管理监督、申请政府资金支持等领域,率先使用信用信息和信用产品,培育信用服务市场发展。 中介服务行业信用建设。建立完善中介服务机构及其从业人员的信用记录和披露制度,并作为市场行政执法部门实施信用分类管理的重要依据。重点加强公证仲裁类、律师类、会计类、担保类、鉴证类、检验检测类、评估类、认证类、代理类、经纪类、职业介绍类、咨询类、交易类等机构信用分类管理,探索建立科学合理的评估指标体系、评估制度和工作机制。 **《国务院关于促进市场公平竞争维护市场正常秩序的若干意见》(国法〔2014〕20号)** 建立健全守信激励和失信惩戒机制,对失信主题在经营、投融资、取得政府供应土地、进出口、出入境、注册新公司、工程招投标、政府采购、获得荣誉、安全许可、生产许可、从业任职资格、资质审核等方面依法予以限制或禁止,对严重失信主体实行市场禁入制度。 **《中华人民共和国认证认可条例》** 第六条　认证认可活动应当遵守客观独立、公开公正、诚实信用的原则。	市场监管总局

惩罚措施	相关法律依据	实施单位
（十二）将违法失信信息作为证券公司、保险公司、基金管理公司及期货公司的设立及股权或实际控制人变更审批或备案，保险中介业务许可或保险专业中介机构股东、实际控制人变更备案，私募投资基金管理人登记、重大事项变更以及基金备案时的重要参考	**《中华人民共和国证券法》** 第一百二十四条　设立证券公司，应当具备下列条件： （二）主要股东具有持续盈利能力，信誉良好，最近三年无重大违法违规记录，净资产不低于人民币二亿元； 《中华人民共和国证券投资基金法》 第十三条　设立管理公开募集基金的基金管理公司，应当具备下列条件，并经国务院证券监督管理机构批准： （三）主要股东应当具有经营金融业务或者管理金融机构的良好业绩、良好的财务状况和社会信誉，资产规模达到国务院规定的标准，最近三年没有违法记录； **《期货交易管理条例》（国务院令第 627 号）** 第十六条　申请设立期货公司，应当符合《中华人民共和国公司法》的规定，并具备下列条件：（四）主要股东以及实际控制人具有持续盈利能力，信誉良好，最近 3 年无重大违法违规记录； **《证券公司监督管理条例》（国务院令第 522 号）** 第十条　有下列情形之一的单位或者个人，不得成为持有证券公司 5% 以上股权的股东、实际控制人： （一）因故意犯罪被判处刑罚，刑罚执行完毕未逾 3 年； （四）国务院证券监督管理机构认定的其他情形。 **《证券投资基金管理公司管理办法》（证监会令第 84 号）** 第七条　申请设立基金管理公司，出资或者持有股份占基金管理公司注册资本的比例（以下简称持股比例）在 5% 以上的股东，应当具备下列条件： （三）最近 3 年没有因违法违规行为受到行政处罚或者刑事处罚； （六）具有良好的社会信誉，最近 3 年在金融监管、税务、工商等行政机关，以及自律管理、商业银行等机构无不良记录。 **《期货公司监督管理办法》（证监会令第 110 号）** 第七条　持有 5% 以上股权的股东为法人或者其他组织的，应当具备以下条件：（四）近 3 年未因重大违法违规行为受到行政处罚或者刑事处罚。 第八条　持有期货公司 5% 以上股权的个人股东应当符合本办法第七条第（三）项至第（七）项规定的条件，且其个人金融资产不低于人民币 3000 万元。 **《私募投资基金监督管理暂行办法》（证监会令第 105 号）** 第四条　私募基金管理人和从事私募基金托管业务的机构管理、运用私募基金财产，从事私募基金销售业务的机构及其他私募服务机构从事私募基金服务活动，应当恪尽职守，履行诚实信用、谨慎勤勉的义务。私募基金从业人员应当遵守法律、行政法规，恪守职业道德和行为规范。 **《关于实施〈证券投资基金管理公司管理办法〉有关问题的规定》（证监会公告［2012］26 号）** 第九条　基金管理公司按照《证券投资基金管理公司管理办法》第六十五条第一款的规定"变更持股 5% 以下的股东"的，入股股东应当具有良好的社会信誉，最近 3 年在金融监管、税务、工商等行政机关，以及自律管理、商业银行等机构无不良记录；没有因违法违规行为正在被监管机构调查，或者正处于整改期间；最近 3 年没有因违法违规行为受到行政处罚或者刑事处罚；不存在被判处刑罚、执行期满未逾 3 年的情形。其入股行为应当履行相应内部决策程序和应当报经有关部门批准或者备案等程序。 **《国务院关于管理公开募集基金的基金管理公司有关问题的批复》（国函［2013］132 号）** 第四条　根据《中华人民共和国证券投资基金法》第十三条规定，国务院同意你会对不得成为基金管理公司实际控制人的情形作如下规定：（一）因故意犯罪被判处刑罚，刑罚执行完毕未逾 3 年。	证监会、银保监会

惩罚措施	相关法律依据	实施单位
（十三）将违法失信信息作为证券公司、保险公司、基金管理公司、期货公司的董事、监事和高级管理人员及分支机构负责人任职审批或备案的参考	**《证券法》** 第一百三十一条　证券公司的董事、监事、高级管理人员，应当正直诚实，品行良好。 **《证券公司董事、监事和高级管理人员任职资格监管办法》（证监会令第39号）** 第八条　取得证券公司董事、监事、高管人员和分支机构负责人任职资格，应当具备以下基本条件：（一）正直诚实，品行良好。 **《证券投资基金行业高级管理人员任职管理办法》（中国证券监督管理委员会令第23号）** 第四条　高级管理人员应当遵守法律、行政法规和中国证监会的规定，遵守公司章程和行业规范，恪守诚信，审慎勤勉，忠实尽责，维护基金份额持有人的合法权益。	证监会、银保监会
（十四）将违法失信信息作为独立基金销售机构审批时的参考。对存在失信记录的相关主体在证券、基金、期货从业资格申请中予以从严审核，对已成为证券、基金、期货从业人员的相关主体予以重点关注	**《证券投资基金销售管理办法》（证监会令第91号）** 第十条　商业银行申请基金销售业务资格，除具备本办法第九条规定的条件外，还应当具备下列条件：（三）最近3年内没有受到重大行政处罚或者刑事处罚。 第十一条　证券公司申请基金销售业务资格，除具备本办法第九条规定的条件外，还应当具备下列条件：（四）没有因违法违规行为正在被监管机构调查或者正处于整改期间，最近3年内没有受到重大行政处罚或者刑事处罚。 第十二条　期货公司申请基金销售业务资格，除具备本办法第九条规定的条件外，还应当具备下列条件：（四）没有因违法违规行为正在被监管机构调查或者正处于整改期间，最近3年内没有受到重大行政处罚或者刑事处罚。 第十三条　保险公司申请基金销售业务资格，除具备本办法第九条规定的条件外，还应当具备下列条件：（四）没有因违法违规行为正在被监管机构调查或者正处于整改期间，最近3年内没有受到重大行政处罚或者刑事处罚。保险经纪公司和保险代理公司申请基金销售业务资格，除具备本办法第九条规定的条件外，还应当具备下列条件：（四）没有因违法违规行为正在被监管机构调查，或者正处于整改期间，最近3年内没有受到重大行政处罚或者刑事处罚。 第十四条　证券投资咨询机构申请基金销售业务资格，除具备本办法第九条规定的条件外，还应当具备下列条件：（六）没有因违法违规行为正在被监管机构调查，或者处于整改期间；最近3年内没有受到重大行政处罚或者刑事处罚。 第十六条　独立基金销售机构以有限责任公司形式设立的，其股东可以是企业法人或者自然人。企业法人参股独立基金销售机构，应当具备以下条件：（二）最近3年没有受到刑事处罚；（三）最近3年没有受到金融监管、行业监管、工商、税务等行政管理部门的行政处罚；（四）最近3年在自律管理、商业银行等机构无不良记录。自然人参股独立基金销售机构，应当具备以下条件：（二）最近3年没有受到刑事处罚；（三）最近3年没有受到金融监管、行业监管、工商、税务等行政管理部门的行政处罚；（四）在自律管理、商业银行等机构无不良记录；（六）最近3年无其他重大不良诚信记录。	证监会

惩罚措施	相关法律依据	实施单位
	第十七条　独立基金销售机构以合伙企业形式设立的，其合伙人应当具备以下条件：（二）最近3年没有受到刑事处罚；（四）在自律管理、商业银行等机构无不良记录；（六）最近3年无其他重大不良诚信记录。 **《证券从业人员资格管理办法》（证监会令第14号）** 第十条　取得从业资格的人员，符合下列条件的，可以通过机构申请执业证书：（五）品行端正，具有良好的职业道德。 **《期货从业人员管理办法》（证监会令第48号）** 第十条　机构任用具有从业资格考试合格证明且符合下列条件人员从事期货业务的，应当为其办理从业资格申请：（一）品行端正，具有良好的职业道德。 **《私募投资基金监督管理暂行办法》（证监会令第105号）** 第四条　私募基金管理人和从事私募基金销售业务的机构及其他私募服务机构从事私募基金服务活动，应当恪尽职守，履行诚实信用、谨慎勤勉的义务。私募基金从业人员应当遵守法律、行政法规，恪守职业道德和行为规范。	
（十五）限制享受投资等领域优惠政策	**《国务院关于促进市场公平竞争维护市场正常秩序的若干意见》（国发〔2014〕20号）** 建立健全守信激励和失信惩戒机制。将市场主体的信用信息作为实施行政管理的重要参考。根据市场主体信用状况实行分类分级、动态监管，建立健全经营异常名录制度，对违背市场竞争原则和侵犯消费者、劳动者合法权益的市场主体建立“黑名单”制度。对守信主体予以支持和激励，对失信主体在经营、投融资、取得政府供应土地、进出口、出入境、注册新公司、工程招投标、政府采购、获得荣誉、安全许可、生产许可、从业任职资格、资质审核等方面依法予以限制或禁止，对严重违法失信主体实行市场禁入制度。	国家发展改革委等有关单位

惩罚措施	相关法律依据	实施单位
（十六）在申请经营性互联网信息服务时，将其失信信息作为审核相关许可的重要参考	**《互联网信息服务管理办法》（国务院令第292号）** 第五条　从事新闻、出版、教育、医疗保健、药品和医疗器械等互联网信息服务，依照法律、行政法规以及国家有关规定须经有关主管部门审核同意的，在申请经营许可或者履行备案手续前，应当依法经有关主管部门审核同意。 第十八条　国务院信息产业主管部门和省、自治区、直辖市电信管理机构，依法对互联网信息服务实施监督管理。 新闻、出版、教育、卫生、药品监督管理、工商行政管理和公安、国家安全等有关主管部门，在各自职责范围内依法对互联网信息内容实施监督管理。 第二十条　制作、复制、发布、传播本办法第十五条所列内容之一的信息，构成犯罪的，依法追究刑事责任；尚不构成犯罪的，由公安机关、国家安全机关依照《中华人民共和国治安管理处罚法》、《计算机信息网络国际联网安全保护管理办法》等有关法律、行政法规的规定予以处罚；对经营性互联网信息服务提供者，并由发证机关责令停业整顿直至吊销经营许可证，通知企业登记机关；对非经营性互联网信息服务提供者，并由备案机关责令暂时关闭网站直至关闭网站。 **《关于建立境内违法互联网站黑名单管理制度的通知》（工信部联电管【2009】371号）** 二十、对于列入违法互联网站黑名单的境内互联网站，涉及获准从事新闻、出版、教育、医疗保健、药品和医疗器械、文化、视听节目服务等互联网信息服务的，互联网相关管理部门应取消相应批准。有经营许可的，互联网相关管理部门应将依法取消批准的意见，抄送工商行政管理部门依法办理相应经营范围交更或注销登记。 二十一、对于新申办的网站，互联网行业主管部门应认真审核。如发现其属于已列入违法互联网站黑名单的网站（即网站名称、网站域名、网站主办者身份信息与违法互联网站黑名单记录的信息均相同的），互联网行业主管部门不得再同意其备案或许可，各互联网相关管理部门不得再批准其提供新闻、出版、教育、医疗保健、药品和医疗器械、文化、视听节目服务等互联网信息服务，公益性互联单位和各相关电信企业不得再为其提供相关接入服务，域名注册单位不得再为其提供域名解析服务。	工业和信息化部

公安机关互联网安全监督检查规定

2018 年 9 月 15 日　　　　　　　　　　　　　　　　公安部令第 151 号

第一章　总　则

第一条　为规范公安机关互联网安全监督检查工作，预防网络违法犯罪，维护网络安全，保护公民、法人和其他组织合法权益，根据《中华人民共和国人民警察法》《中华人民共和国网络安全法》等有关法律、行政法规，制定本规定。

第二条　本规定适用于公安机关依法对互联网服务提供者和联网使用单位履行法律、行政法规规定的网络安全义务情况进行的安全监督检查。

第三条　互联网安全监督检查工作由县级以上地方人民政府公安机关网络安全保卫部门组织实施。

上级公安机关应当对下级公安机关开展互联网安全监督检查工作情况进行指导和监督。

第四条　公安机关开展互联网安全监督检查，应当遵循依法科学管理、保障和促进发展的方针，严格遵守法定权限和程序，不断改进执法方式，全面落实执法责任。

第五条　公安机关及其工作人员对履行互联网安全监督检查职责中知悉的个人信息、隐私、商业秘密和国家秘密，应当严格保密，不得泄露、出售或者非法向他人提供。

公安机关及其工作人员在履行互联网安全监督检查职责中获取的信息，只能用于维护网络安全的需要，不得用于其他用途。

第六条 公安机关对互联网安全监督检查工作中发现的可能危害国家安全、公共安全、社会秩序的网络安全风险，应当及时通报有关主管部门和单位。

第七条 公安机关应当建立并落实互联网安全监督检查工作制度，自觉接受检查对象和人民群众的监督。

第二章 监督检查对象和内容

第八条 互联网安全监督检查由互联网服务提供者的网络服务运营机构和联网使用单位的网络管理机构所在地公安机关实施。互联网服务提供者为个人的，可以由其经常居住地公安机关实施。

第九条 公安机关应当根据网络安全防范需要和网络安全风险隐患的具体情况，对下列互联网服务提供者和联网使用单位开展监督检查：

（一）提供互联网接入、互联网数据中心、内容分发、域名服务的；

（二）提供互联网信息服务的；

（三）提供公共上网服务的；

（四）提供其他互联网服务的；

对开展前款规定的服务未满一年的，两年内曾发生过网络安全事件、违法犯罪案件的，或者因未履行法定网络安全义务被公安机关予以行政处罚的，应当开展重点监督检查。

第十条 公安机关应当根据互联网服务提供者和联网使用单位履行法定网络安全义务的实际情况，依照国家有关规定和标准，对下列内容进行监督检查：

（一）是否办理联网单位备案手续，并报送接入单位和用户基本信息及其变更情况；

（二）是否制定并落实网络安全管理制度和操作规程，确定网络安全负责人；

（三）是否依法采取记录并留存用户注册信息和上网日志信息的技术措施；

（四）是否采取防范计算机病毒和网络攻击、网络侵入等技术措施；

（五）是否在公共信息服务中对法律、行政法规禁止发布或者传输的信息依法采取相关防范措施；

（六）是否按照法律规定的要求为公安机关依法维护国家安全、防范调查恐怖活动、侦查犯罪提供技术支持和协助；

（七）是否履行法律、行政法规规定的网络安全等级保护等义务。

第十一条 除本规定第十条所列内容外，公安机关还应当根据提供互联网服务的类型，对下列内容进行监督检查：

（一）对提供互联网接入服务的，监督检查是否记录并留存网络地址及分配使用情况；

（二）对提供互联网数据中心服务的，监督检查是否记录所提供的主机托管、主机租用和虚拟空间租用的用户信息；

（三）对提供互联网域名服务的，监督检查是否记录网络域名申请、变动信息，是否对违法域名依法采取处置措施；

（四）对提供互联网信息服务的，监督检查是否依法采取用户发布信息管理措施，是否对已发布或者传输的法律、行政法规禁止发布或者传输的信息依法采取处置措施，并保存相关记录；

（五）对提供互联网内容分发服务的，监督检查是否记录内容分发网络与内容源网络链接对应情况；

（六）对提供互联网公共上网服务的，监督检查是否采取符合国家标准的网络与信息安全保护技术措施。

第十二条 在国家重大网络安全保卫任务期间，对与国家重大网络安全保卫任务相关的互联网服务提供者和联网使用单位，公安机关可以对下列内容开展专项安全监督检查：

（一）是否制定重大网络安全保卫任务所要求的工作方案、明确网络安全责任分工并确定网络安全管理人员；

（二）是否组织开展网络安全风险评估，并采取相应风险管控措施堵塞网络安全漏洞隐患；

（三）是否制定网络安全应急处置预案并组织开展应急演练，应急处置相关设施是否完备有效；

（四）是否依法采取重大网络安全保卫任务所需要的其他网络安全防范措施；

（五）是否按照要求向公安机关报告网络安全防范措施及落实情况。

对防范恐怖袭击的重点目标的互联网安全监督检查，按照前款规定的内容执行。

第三章 监督检查程序

第十三条 公安机关开展互联网安全监督检查，可以采取现场监督检查或者远程检测的方式进行。

第十四条 公安机关开展互联网安全现场监督检查时，人民警察不得少于二人，并应当出示人民警察证和县级以上地方人民政府公安机关出具的监督检查通知书。

第十五条 公安机关开展互联网安全现场监督检查可以根据需要采取以下措施：

（一）进入营业场所、机房、工作场所；

（二）要求监督检查对象的负责人或者网络安全管理人员对监督检查事项作出说明；

（三）查阅、复制与互联网安全监督检查事项相关的信息；

（四）查看网络与信息安全保护技术措施运行情况。

第十六条 公安机关对互联网服务提供者和联网使用单位是否存在网络安全漏洞，可以开展远程检测。

公安机关开展远程检测，应当事先告知监督检查对象检查时间、检查范围等事项或者公开相关检查事项，不得干扰、破坏监督检查对象网络的正常运行。

第十七条 公安机关开展现场监督检查或者远程检测，可以委托具有相应技术能力的网络安全服务机构提供技术支持。

网络安全服务机构及其工作人员对工作中知悉的个人信息、隐私、商业秘密和国家秘密，应当严格保密，不得泄露、出售或者非法向他人提供。公安机关应当严格监督网络安全服务机构落实网络安全管理与保密责任。

第十八条 公安机关开展现场监督检查，应当制作监督检查记录，并由开展监督检查的人民警察和监督检查对象的负责人或者网络安全管理人员签名。监督检查对象负责人或者网络安全管理人员对监督检查记录有异议的，应当允许其作出说明；拒绝签名的，人民警察应当在监督检查记录中注明。

公安机关开展远程检测，应当制作监督检查记录，并由二名以上开展监督检查的人民警察在监督检查记录上签名。

委托网络安全服务机构提供技术支持的，技术支持人员应当一并在监督检查记录上签名。

第十九条 公安机关在互联网安全监督检查中，发现互联网服务提供者和联网使用单位存在网络安全风险隐患，应当督促指导其采取措施消除风险隐患，并在监督检查记录上注明；发现有违法行为，但情节轻微或者未造成后果的，应当责令其限期整改。

监督检查对象在整改期限届满前认为已经整改完毕的，可以向公安机关书面提出提前复查申请。

公安机关应当自整改期限届满或者收到监督检查对象提前复查申请之日起三个工作日内，对整改情况进行复查，并在复查结束后三个工作日内反馈复查结果。

第二十条 监督检查过程中收集的资料、制作的各类文书等材料，应当按照规定立卷存档。

第四章 法律责任

第二十一条 公安机关在互联网安全监督检查中，发现互联网服务提供者和联网使用单位有下列违法行为的，依法予以行政处罚：

（一）未制定并落实网络安全管理制度和操作规程，未确定网络安全负责人的，依照《中华人民共和国网络安全法》第五十九条第一款的规定予以处罚；

（二）未采取防范计算机病毒和网络攻击、网络侵入等危害网络安全行为的技术措施的，依照《中华人民共和国网络安全法》第五十九条第一款的规定予以处罚；

（三）未采取记录并留存用户注册信息和上网日志信息措施的，依照《中华人民共和国网络安全法》第五十九条第一款的规定予以处罚；

（四）在提供互联网信息发布、即时通讯等服务中，未要求用户提供真实身份信息，或者对不提供真实身份信息的用户提供相关服务的，依照《中华人民共和国网络安全法》第六十一条的规定予以处罚；

（五）在公共信息服务中对法律、行政法规禁止发布或者传输的信息未依法或者不按照公安机关的要求采取停止传输、消除等处置措施、保存有关记录的，依照《中华人民共和国网络安全法》第六十八条或者第六十九条第一项的规定予以处罚；

（六）拒不为公安机关依法维护国家安全和侦查犯罪的活动提供技术支持和协助的，依照《中华人民共和国网络安全法》第六十九条第三项的规定予以处罚。

有前款第四至六项行为违反《中华人民共和国反恐怖主义法》规定的，依照《中华人民共和国反恐怖主义法》第八十四条或者第八十六条第一款的规定予以处罚。

第二十二条 公安机关在互联网安全监督检查中，发现互联网服务提供者和联网使用单位，窃取或者以其他非法方式获取、非法出售或者非法向他人提供个人信息，尚不构成犯罪的，依照《中华人民共和国网络安全法》第六十四条第二款的规定予以处罚。

第二十三条 公安机关在互联网安全监督检查中，发现互联网服务提供者和联网使用单位在提供的互联网服务中设置恶意程序的，依照《中华人民共和国网络安全法》第六十条第一项的规定予以处罚。

第二十四条 互联网服务提供者和联网使用单位拒绝、阻碍公安机关实施互联网安全监督检查的，依照《中华人民共和国网络安全法》第六十九条第二项的规定予以处罚；拒不配合反恐怖主义工作的，依照《中华人民共和国反恐怖主义法》第九十一条或者第九十二条的规定予以处罚。

第二十五条 受公安机关委托提供技术支持的网络安全服务机构及其工作人员，从事非法侵入监督检查对象网络、干扰监督检查对象网络正常功能、窃取网络数据等危害网络安全的活动的，依照《中华人民共和国网络安全法》第六十三条的规定予以处罚；窃取或者以其他非法方式获取、非法出售或者非法向他人提供在工作中获悉的个人信息的，依照《中华人民共和国网络安全法》第六十四条第二款的规定予以处罚，构成犯罪的，依法追究刑事责任。

前款规定的机构及人员侵犯监督检查对象的商业秘密，构成犯罪的，依法追究刑事责任。

第二十六条 公安机关及其工作人员在互联网安全监督检查工作中，玩忽职守、滥用职权、徇私舞弊的，对直接负责的主管人员和其他直接责任人员依法予以处分；构成犯罪的，依法追究刑事责任。

第二十七条 互联网服务提供者和联网使用单位违反本规定，构成违反治安管理行为的，依法予以治安管理处罚；构成犯罪的，依法追究刑事责任。

第五章 附 则

第二十八条 对互联网上网服务营业场所的监督检查，按照《互联网上网服务营业场所管理条例》的有关规定执行。

第二十九条 本规定自2018年11月1日起施行。

公安机关办理国家赔偿案件程序规定

2018年9月1日 公安部令第150号

第一章 总 则

第一条 为了规范公安机关办理国家赔偿案件程序，促进公安机关在办理国家赔偿案件中正确履行职责，保障公民、法人和其他组织享有依法取得国家赔偿的权利，根据《中华人民共和国国家赔偿法》（以下简称《国家赔偿法》）和《国家赔偿费用管理条例》等有关法律、行政法规，制定本规定。

第二条 本规定所称国家赔偿案件，是指行政赔偿案件、刑事赔偿案件和刑事赔偿复议案件。

第三条 公安机关办理国家赔偿案件应当坚持实事求是、依法公正、规范高效、有错必纠的原则。

第四条 公安机关法制部门是办理国家赔偿案件的主管部门，依法履行下列职责：

（一）接收赔偿申请，审查赔偿请求和事实理由，履行相关法律手续；

（二）接收刑事赔偿复议申请，审查复议请求和事实理由，履行相关法律手续；

（三）接收并审查支付赔偿费用申请，接收并审查对支付赔偿费用申请不予受理决定的复核申请；

（四）参加人民法院审理赔偿案件活动；

（五）提出追偿赔偿费用意见，接收并审查对追偿赔偿费用不服的申诉；

（六）其他应当履行的职责。

第五条 公安机关相关部门应当按照职责分工，配合法制部门共同做好国家赔偿案件办理工作。

执法办案部门负责提供赔偿请求所涉职权行为的情况及相关材料，与法制部门共同研究案情，共同参加人民法院审理赔偿案件活动。

装备财务（警务保障）部门负责向财政部门申请支付赔偿费用，向赔偿请求人支付赔偿费用，将追偿的赔偿费用上缴财政部门。

第二章 行政赔偿和刑事赔偿

第一节 申请和受理

第六条 赔偿请求人申请赔偿，应当向赔偿义务机关提出。

公安机关及其工作人员行使职权侵犯公民、法人或者其他组织合法权益，造成损害的，该公安机关为赔偿义务机关。

公安机关内设机构和派出机构及其工作人员有前款情形的，所属公安机关为赔偿义务机关。

看守所、拘留所、强制隔离戒毒所等羁押监管场所及其工作人员有第二款情形的，主管公安机关为赔偿义务机关。

第七条 申请赔偿应当提交赔偿申请书，载明受害人的基本情况、赔偿请求、事实根据和理由、申请日期，并由赔偿请求人签名、盖章或者捺指印。

赔偿请求人书写确有困难的，可以口头申请。赔偿义务机关法制部门应当制作笔录，经赔偿请求人确认无误后签名、盖章或者捺指印。

第八条 申请赔偿除提交赔偿申请书外，还应当提交下列材料：

（一）赔偿请求人的身份证明材料。赔偿请求人不是受害人本人的，提供与受害人关系的证明。赔偿请求人委托他人代理赔偿请求事项的，提交授权委托书，以及代理人的身份证明；代理人为律师的，同时提交律师执业证明及律师事务所证明；

（二）赔偿请求所涉职权行为的法律文书或者其他证明材料；

（三）赔偿请求所涉职权行为造成损害及其程度的证明材料。

不能提交前款第二项、第三项所列材料的，赔偿请求人应当书面说明情况和理由。

第九条 赔偿义务机关法制部门收到当面递交赔偿申请的，应当当场出具接收凭证。

赔偿义务机关其他部门遇有赔偿请求人当面递交或者口头提出赔偿申请的，应当当场联系法制部门接收；收到以邮寄或者其他方式递交的赔偿申请，应当自收到之日起二个工作日内转送法制部门。

第十条 赔偿义务机关法制部门收到赔偿申请后，应当在五个工作日内予以审查，并分别作出下列处理：

（一）申请材料不齐全或者表述不清楚的，经本部门负责人批准，一次性书面告知赔偿请求人需要补正的全部事项和合理的补正期限；

（二）不符合申请条件的，经本机关负责人批准，决定不予受理并书面告知赔偿请求人；

（三）除第一项、第二项情形外，自赔偿义务机关法制部门收到申请之日起即为受理。

第十一条 有下列情形之一的，赔偿申请不符合申请条件：

（一）本机关不是赔偿义务机关的；

（二）赔偿请求人不适格的；

（三）赔偿请求事项不属于国家赔偿范围的；

（四）超过请求时效且无正当理由的；

（五）基于同一事实的赔偿请求已经通过申请行政复议或者提起行政诉讼提出，正在审理或者已经作出予以赔偿、不予赔偿结论的；

（六）赔偿申请应当在终止追究刑事责任后提出，有证据证明尚未终止追究刑事责任的。

赔偿申请受理后，发现有前款情形之一的，赔偿义务机关应当在受理之日起两个月内，经本机关负责人批准，驳回赔偿申请。

对于第一款第六项情形，决定不予受理或者驳回申请的，同时告知赔偿请求人在终止追究刑事责任后重新申请。

第十二条 赔偿请求人在补正期限内对赔偿申请予以补正的，赔偿义务机关法制部门应当自收到之日起五个工作日内予以审查。不符合申请条件的，经本机关负责人批准，决定不予受理并书面告知赔偿请求人。未书面告知不予受理的，自赔偿义务机关法制部门收到补正材料之日起即为受理。

赔偿义务机关法制部门在补正期限届满后第十个工作日仍未收到补正材料的，应当自该日起五个工作日内，对已经提交的赔偿申请予以审查。不符合申请条件的，经本机关负责人批准，决定不予受理并书面告知赔偿请求人。未书面告知不予受理的，自补正期限届满后第十个工作日起即为受理。

第十三条 赔偿义务机关对赔偿请求已作出处理，赔偿请求人无正当理由基于同一事实再次申请赔偿的，不再处理。

第二节 审 查

第十四条 赔偿义务机关法制部门应当自赔偿申请受理之日起五个工作日内，将申请材料副本送赔偿请求所涉执法办案部门。执法办案部门应当自收到之日起十个工作日内向法制部门作出书面答复，并提供赔偿请求所涉职权行为的证据、依据和其他材料。

第十五条 赔偿义务机关应当全面审查赔偿请求的事实、证据和理由。重点查明下列事项：

（一）赔偿请求所涉职权行为的合法性；

（二）侵害事实、损害后果及因果关系；

（三）是否具有国家不承担赔偿责任的法定情形。

除前款所列查明事项外，赔偿义务机关还应当按照本规定第十六条至第十九条的规定，分别重点审查有关事项。

第十六条 赔偿请求人主张人身自由权赔偿的，重点审查赔偿请求所涉限制人身自由的起止时间。

第十七条 赔偿请求人主张生命健康权赔偿的，重点审查下列事项：

（一）诊断证明、医疗费用凭据，以及护理、康复、后续治疗的证明；

（二）死亡证明书，伤残、部分或者全部丧失劳动能力的鉴定意见。

赔偿请求提出因误工减少收入的，还应当审查收入证明、误工证明等。受害人死亡或者全部丧失劳动能力的，还应当审查其是否扶养未成年人或者其他无劳动能力人，以及所承担的扶养义务。

第十八条 赔偿请求人主张财产权赔偿的，重点审查下列事项：

（一）查封、扣押、冻结、收缴、追缴、没收的财物不能恢复原状或者灭失的，财物损失发生时的市场价格；查封、扣押、冻结、收缴、追缴、没收的财物被拍卖或者变卖的，拍卖或者变卖及其价格的证明材料，以及变卖时的市场价格；

（二）停产停业期间必要经常性开支的证明材料。

第十九条 赔偿请求人主张精神损害赔偿的，重点审查下列事项：

（一）是否存在《国家赔偿法》第三条或者第十七条规定的侵犯人身权行为；

（二）精神损害事实及后果；

（三）侵犯人身权行为与精神损害事实及后果的因果关系。

第二十条 赔偿审查期间，赔偿请求人可以变更赔偿请求。赔偿义务机关认为赔偿请求人提出的赔偿请求事项不全或者不准确的，可以告知赔偿请求人在审查期限届满前变更赔偿请求。

第二十一条 赔偿审查期间，赔偿义务机关法制部门可以调查核实情况，收集有关证据。有关单位和人员应当予以配合。

第二十二条 对赔偿请求所涉职权行为，有权机关已经作出生效法律结论，该结论所采信的证据可以作为赔偿审查的证据。

第二十三条 赔偿审查期间，有下列情形之一的，经赔偿义务机关负责人批准，中止审查并书面告知有关当事人：

（一）作为赔偿请求人的公民丧失行为能力，尚未确定法定代理人的；

（二）作为赔偿请求人的公民下落不明或者被宣告失踪的；

（三）作为赔偿请求人的公民死亡，其继承人和其他有扶养关系的亲属尚未确定是否参加赔偿审查的；

（四）作为赔偿请求人的法人或者其他组织终止，尚未确定权利义务承受人，或者权利义务承受人尚未确定是否参加赔偿审查的；

（五）赔偿请求人因不可抗力不能参加赔偿审查的；

（六）赔偿审查涉及法律适用问题，需要有权机关作出解释或者确认的；

（七）赔偿审查需要以其他尚未办结案件的结果为依据的；

（八）其他需要中止审查的情形。

中止审查的情形消除后，应当在二个工作日内恢复审查，并书面告知有关当事人。

中止审查不符合第一款规定的，应当立即恢复审查。不恢复审查的，上一级公安机关应当责令恢复审查。

第二十四条 赔偿审查期间，有下列情形之一的，经赔偿义务机关负责人批准，终结审查并书面告知有关当事人：

（一）作为赔偿请求人的公民死亡，没有继承人和其他有扶养关系的亲属，或者继承人和其他有扶养关系的亲属放弃要求赔偿权利的；

（二）作为赔偿请求人的法人或者其他组织终止，没有权利义务承受人，或者权利义务承受人放弃要求赔偿权利的；

（三）赔偿请求人自愿撤回赔偿申请的。

前款第一项中的继承人和其他有扶养关系的亲属、第二项中的权利义务承受人、第三项中的赔偿请求人为数人，非经全体同意放弃要求赔偿权利或者撤回赔偿申请的，不得终结审查。

第三节 决 定

第二十五条 对受理的赔偿申请，赔偿义务机关应当自受理之日起两个月内，经本机关负责人批准，分别作出下列决定：

（一）违法行使职权造成侵权的事实清楚，应当予以赔偿的，作出予以赔偿的决定，并载明赔偿方式、项目和数额；

（二）违法行使职权造成侵权的事实不成立，或者具有国家不承担赔偿责任法定情形的，作出不予赔偿的决定。

按照前款第一项作出决定，不限于赔偿请求人主张的赔偿方式、项目和数额。

第二十六条 在查清事实的基础上，对应当予以赔偿的，赔偿义务机关应当充分听取赔偿请求人的意见，可以就赔偿方式、项目和数额在法定范围内进行协商。

协商应当遵循自愿、合法原则。协商达成一致的，赔偿义务机关应当按照协商结果作出赔偿决定；赔偿请求人不同意协商，或者协商未达成一致，或者赔偿请求人在赔偿决定作出前反悔的，赔偿义务机关应当依法作出赔偿决定。

第二十七条 侵犯公民人身自由的每日赔偿金，按照作出决定时的国家上年度职工日平均工资计算。

作出决定时国家上年度职工日平均工资尚未公布的，以公布的最近年度职工日平均工资为准。

第二十八条 执行行政拘留或者采取刑事拘留措施被决定赔偿的，计算赔偿金的天数按照实际羁押的天数计算。羁押时间不足一日的，按照一日计算。

第二十九条 依法应当予以赔偿但赔偿请求人所受损害的程度因客观原因无法确定的，赔偿数额应当结合赔偿请求人的主张和在案证据，运用逻辑推理和生活经验、生活常识等酌情确定。

第三十条 赔偿请求人主张精神损害赔偿的，作出决定应当载明是否存在精神损害并承担赔偿责任。承担精神损害赔偿责任的，应当载明消除影响、恢复名誉、赔礼道歉等承担方式；支付精神损害抚慰金的，应当载明具体数额。

精神损害抚慰金数额的确定，可以参照人民法院审理国家赔偿案件适用精神损害赔偿的规定，综合考虑精神损害事实和严重后果，侵权手段、方式等具体情节，纠错环节及过程，赔偿请求人住所地或者经常居住地平均生活水平，赔偿义务机关所在地平均生活水平等因素。法律法规对精神损害抚慰金的数额作出规定的，从其规定。

第三十一条 赔偿义务机关对行政赔偿请求作出不予受理、驳回申请、终结审查、予以赔偿、不予赔偿决定，或者逾期未作决定，赔偿请求人不服的，可以依照《国家赔偿法》第十四条规定提起行政赔偿诉讼。

赔偿义务机关对刑事赔偿请求作出不予受理、驳回申请、终结审查、予以赔偿、不予赔偿决定，或者逾期未作决定，赔偿请求人不服的，可以依照《国家赔偿法》第二十四条规定申请刑事赔偿复议。

第三章　刑事赔偿复议

第一节　申请和受理

第三十二条 赔偿请求人申请刑事赔偿复议，应当向赔偿义务机关的上一级公安机关提出。赔偿义务机关是公安部的，向公安部提出。

第三十三条 申请刑事赔偿复议应当提交复议申请书，载明受害人的基本情况、复议请求、事实根据和理由、申请日期，并由赔偿请求人签名、盖章或者捺指印。

赔偿请求人书写确有困难的，可以口头申请。复议机关法制部门应当制作笔录，经赔偿请求人确认无误后签名、盖章或者捺指印。

第三十四条 申请刑事赔偿复议除提交复议申请书外，还应当提交下列材料：

（一）赔偿请求人的身份证明材料。赔偿请求人不是受害人本人的，提供与受害人关系的证明。赔偿请求人委托他人代理复议事项的，提交授权委托书，以及代理人的身份证明。代理人为律师的，同时提交律师执业证明及律师事务所证明；

（二）向赔偿义务机关提交的赔偿申请材料及申请赔偿的证明材料；

（三）赔偿义务机关就赔偿申请作出的决定书。赔偿义务机关逾期未作决定的除外。

第三十五条 复议机关法制部门收到当面递交复议申请的，应当当场出具接收凭证。

复议机关其他部门遇有赔偿请求人当面递交或者口头提出复议申请的，应当当场联系法制部门接收；收到以其他方式递交复议申请的，应当自收到之日起二个工作日内转送法制部门。

第三十六条 复议机关法制部门收到复议申请后，应当在五个工作日内予以审查，并分别作出下列处理：

（一）申请材料不齐全或者表述不清楚的，经本部门负责人批准，一次性书面告知赔偿请求人需要补正的全部事项和合理的补正期限；

（二）不符合申请条件的，经本机关负责人批准，决定不予受理并书面告知赔偿请求人；

（三）除第一项、第二项情形外，自复议机关法制部门收到申请之日起即为受理。

第三十七条 有下列情形之一的，复议申请不符合申请条件：

（一）本机关不是复议机关的；

（二）赔偿请求人申请复议不适格的；

（三）不属于复议范围的；

（四）超过申请复议法定期限且无正当理由的；

（五）申请复议前未向赔偿义务机关申请赔偿的；

（六）赔偿义务机关对赔偿申请未作出决定但审查期限尚未届满的。

复议申请受理后，发现有前款情形之一的，复议机关应当在受理之日起两个月内，经本机关负责人批准，驳回复议申请。

第三十八条　赔偿请求人在补正期限内对复议申请予以补正的，复议机关法制部门应当自收到之日起五个工作日内予以审查。不符合申请条件的，经本机关负责人批准，决定不予受理并书面告知赔偿请求人。未书面告知不予受理的，自复议机关法制部门收到补正材料之日起即为受理。

复议机关法制部门在补正期限届满后第十个工作日仍未收到补正材料的，应当自该日起五个工作日内，对已经提交的复议申请予以审查。不符合申请条件的，经本机关负责人批准，决定不予受理并书面告知赔偿请求人。未书面告知不予受理的，自补正期限届满后第十个工作日之日起即为受理。

第三十九条　复议机关对复议申请已作出处理，赔偿请求人无正当理由基于同一事实再次申请复议的，不再处理。

第二节　审　查

第四十条　复议机关法制部门应当自复议申请受理之日起五个工作日内，将申请材料副本送赔偿义务机关。赔偿义务机关应当自收到之日起十个工作日内向复议机关作出书面答复，并提供相关证据、依据和其他材料。

第四十一条　复议机关应当全面审查赔偿义务机关是否按照本规定第二章的规定对赔偿申请作出处理。

第四十二条　赔偿请求人申请复议时变更向赔偿义务机关提出的赔偿请求，或者在复议审查期间变更复议请求的，复议机关应当予以审查。

复议机关认为赔偿请求人提出的复议请求事项不全或者不准确的，可以告知赔偿请求人在审查期限届满前变更复议请求。

第四十三条　赔偿请求人和赔偿义务机关对自己的主张负有举证责任。没有证据或者证据不足以证明事实主张的，由负有举证责任的一方承担不利后果。

赔偿义务机关对其职权行为的合法性，以及《国家赔偿法》第二十六条第二款规定的情形负有举证责任。赔偿请求人可以提供证明赔偿义务机关职权行为违法的证据，但不因此免除赔偿义务机关的举证责任。

第四十四条 复议审查期间，复议机关法制部门可以调查核实情况，收集有关证据。有关单位和人员应当予以配合。

第四十五条 复议审查期间，有下列情形之一的，经复议机关负责人批准，中止审查并书面告知有关当事人：

（一）作为赔偿请求人的公民丧失行为能力，尚未确定法定代理人的；

（二）作为赔偿请求人的公民下落不明或者被宣告失踪的；

（三）作为赔偿请求人的公民死亡，其继承人和其他有扶养关系的亲属尚未确定是否参加复议审查的；

（四）作为赔偿请求人的法人或者其他组织终止，尚未确定权利义务承受人，或者权利义务承受人尚未确定是否参加复议审查的；

（五）赔偿请求人因不可抗力不能参加复议审查的；

（六）复议审查涉及法律适用问题，需要有权机关作出解释或者确认的；

（七）复议审查需要以其他尚未办结案件的结果为依据的；

（八）其他需要中止审查的情形。

中止审查的情形消除后，应当在二个工作日内恢复审查，并书面告知有关当事人。

中止审查不符合第一款规定的，应当立即恢复审查。不恢复审查的，上一级公安机关应当责令恢复审查。

第四十六条 复议审查期间，有下列情形之一的，经复议机关负责人批准，终结审查并书面告知有关当事人：

（一）作为赔偿请求人的公民死亡，没有继承人和其他有扶养关系的亲属，或者继承人和其他有扶养关系的亲属放弃复议权利的；

（二）作为赔偿请求人的法人或者其他组织终止，没有权利义务承受人，或者权利义务承受人放弃复议权利的；

（三）赔偿请求人自愿撤回复议申请的。

前款第一项中的继承人和其他有扶养关系的亲属、第二项中的权利义务承受人、第三项中的赔偿请求人为数人，非经全体同意放弃复议权利或者撤回复议申请的，不得终结审查。

第三节　决　定

第四十七条 对受理的复议申请，复议机关应当自受理之日起两个月内，经本机关负责人批准作出决定。

第四十八条 复议机关可以组织赔偿义务机关与赔偿请求人就赔偿方式、项目和数额在法定范围内进行调解。

调解应当遵循自愿、合法的原则。经调解达成一致的，复议机关应当按照调解结果作出复议决定。赔偿请求人或者赔偿义务机关不同意调解，或者调解未达成一致，或者一方在复议决定作出前反悔的，复议机关应当依法作出复议决定。

第四十九条 对赔偿义务机关作出的予以赔偿或者不予赔偿决定，分别作出下列决定：

（一）认定事实清楚，适用法律正确，符合法定程序的，予以维持；

（二）认定事实清楚，适用法律正确，但违反法定程序的，维持决定结论并确认程序违法；

（三）认定事实不清、适用法律错误或者据以作出决定的法定事由发生变化的，依法重新作出决定或者责令限期重作。

第五十条 对赔偿义务机关作出的不予受理、驳回申请、终结审查决定，分别作出下列决定：

（一）符合规定情形和程序的，予以维持；

（二）符合规定情形，但违反规定程序的，维持决定结论并确认程序违法；

（三）不符合规定情形，或者据以作出决定的法定事由发生变化的，责令继续审查或者依法重新作出决定。

第五十一条 赔偿义务机关逾期未作出决定的，责令限期作出决定或者依法作出决定。

第五十二条 复议机关作出不予受理、驳回申请、终结审查、复议决定，或者逾期未作决定，赔偿请求人不服的，可以依照《国家赔偿法》第二十五条规定，向复议机关所在地的同级人民法院赔偿委员会申请作出赔偿决定。

第四章　执　行

第五十三条 赔偿义务机关必须执行生效赔偿决定、复议决定、判决和调解。

第五十四条 生效赔偿决定、复议决定、判决和调解按照下列方式执行：

（一）要求返还财物或者恢复原状的，赔偿请求所涉赔偿义务机关执法办案部门应当在三十日内办结。情况复杂的，经本机关负责人批准，可以延长三十日。

（二）要求支付赔偿金的，赔偿义务机关法制部门应当依照《国家赔偿费用管理条例》的规定，将生效的赔偿决定书、复议决定书、判决书和调解书等有关材料提供给装备财务（警务保障）部门，装备财务（警务保障）部门报经本机关负责人批准后，依照预算管理权限向财政部门提出书面支付申请并提供有关材料。

（三）要求为赔偿请求人消除影响、恢复名誉、赔礼道歉的，赔偿义务机关或者其负责人应当及时执行。

第五十五条 财政部门告知赔偿义务机关补正申请材料的，赔偿义务机关装备财务（警务保障）部门应当会同法制部门自收到告知之日起五个工作日内按照要求补正材料并提交财政部门。

第五十六条 财政部门向赔偿义务机关支付赔偿金的，赔偿义务机关装备财务（警务保障）部门应当及时向赔偿请求人足额支付赔偿金，不得拖延、截留。

第五十七条 赔偿义务机关支付赔偿金后，应当依照《国家赔偿法》第十六条第一款、第三十一条第一款的规定，向责任人员追偿部分或者全部赔偿费用。

第五十八条 追偿赔偿费用由赔偿义务机关法制部门会同赔偿请求所涉执法办案部门等有关部门提出追偿意见，经本机关主要负责人批准，由装备财务（警务保障）部门书面通知有预算管理权限的财政部门，并责令被追偿人缴纳追偿赔偿费用。

追偿数额的确定，应当综合考虑赔偿数额，以及被追偿人过错程度、损害后果等因素确定，并为被追偿人及其扶养的家属保留必需的生活费用。

第五十九条 被追偿人对追偿赔偿费用不服的，可以向赔偿义务机关或者其上一级公安机关申诉。

第六十条 赔偿义务机关装备财务（警务保障）部门应当依照相关规定，将追偿的赔偿费用上缴有预算管理权限的财政部门。

第五章　责任追究

第六十一条　有下列情形之一的，对直接负责的主管人员或者其他直接责任人员，依照有关规定给予行政纪律处分或者作出其他处理：

（一）未按照本规定对赔偿申请、复议申请作出处理的；

（二）不配合或者阻挠国家赔偿办案人员调查取证，不提供有关情况和证明材料，或者提供虚假材料的；

（三）未按照本规定执行生效赔偿决定、复议决定、判决和调解的；

（四）未按照本规定上缴追偿赔偿费用的；

（五）办理国家赔偿案件的其他渎职、失职行为。

第六十二条　公安机关工作人员在办理国家赔偿案件中，徇私舞弊，打击报复赔偿请求人的，依照有关规定给予行政纪律处分；构成犯罪的，依法追究刑事责任。

第六章　附　则

第六十三条　下列情形所需时间，不计入国家赔偿审查期限：

（一）向赔偿请求人调取证据材料的；

（二）涉及专门事项委托鉴定、评估的。

赔偿请求人在国家赔偿审查期间变更请求的，审查期限从公安机关收到之日起重新计算。

第六十四条　公安机关按照本规定制作的法律文书，应当加盖本机关印章或者国家赔偿专用章。中止审查、终结审查、驳回申请、赔偿决定、复议决定的法律文书，应当自作出之日起十日内送达。

第六十五条　本规定自2018年10月1日起施行。2014年6月1日施行的《公安机关办理国家赔偿案件程序规定》同时废止。

[司法实务问题研究]

论人民法院财产移送执行规则的进一步完善

——立足权利救济的视角展开探讨

刘旭峰*

内容提要：人民法院财产处分权的确定对于权利实现影响重大。最高人民法院出台《关于首先查封法院与优先债权执行法院处分查封财产有关问题的批复》，破解了仅由首先查封法院处分财产的桎梏，明确了首先查封法院与优先债权执行法院财产移送执行的具体规则。准确理解该司法解释，赋予当事人、利害关系人提出执行异议的权利，对于畅通财产移送执行通道、有效监督执行工作、消解消极执行现象，很有必要。结合现有法律规定，理顺财产移送执行与执行争议协调的关系，建立财产移送执行的上级法院督促、同级法院催促程序，有助于进一步完善人民法院财产移送执行的规则。

关键词：财产移送执行规则　执行行为异议　执行争议协调　督促

由首先查封法院处分财产，符合执行程序"先到先得"的理念，对于调动债权人的积极性、及时发现控制财产、快速推进执行进程具有积极作用。最高人民法院的司法解释、规范性文件对这一规则予以明确。如《关于人民法院执行工作若干问题的规定（试行）》第91条规定，"对参与被执行人财产的

* 作者单位：北京市高级人民法院。

具体分配，应当由首先查封、扣押或冻结的法院主持进行”。但任何一种规则都有两面性。如果首先查封法院不及时处分财产，又可能影响轮候查封法院债权人的权利实现。为解决财产移送执行的难题，各地法院相继作出努力。但由于法律规定存在空白，各地法院对于财产移送执行规则的认识理解不一，且规范性文件的效力层级过低，导致人民法院在财产移送执行的协商、协调方面存在不少困难和障碍，难以确保财产移送执行的高效、规范。在部分由不同地区人民法院执行的大标的额案件中，这一问题表现尤为突出。

2016 年 4 月 12 日，最高人民法院出台《关于首先查封法院与优先债权执行法院处分查封财产有关问题的批复》（以下简称《批复》），一定程度上解决了首先查封法院、优先债权执行法院之间的财产移送执行问题。但因首先查封法院与优先债权执行法院财产处分权冲突涉及的问题很多，情形复杂，如果全部厘清后予以规定，尚需时日，① 且条文有限，故《批复》仅就处理该问题的一般规则、程序衔接及争议协调进行了规定。从实际运行层面来看，《批复》存在两处明显遗憾：一方面，对于首先查封法院将财产移送执行不符合法定条件，或虽符合法定条件但拒绝移送等情形，如何寻求权利救济，未予以明确；另一方面，仅就首先查封法院、优先债权执行法院的财产移送执行问题作出规定。对于不同法院之间均为普通债权但首先查封法院未及时处分财产的，如何寻求权利救济，亦未予以明确。权利救济规则之缺位，不利于从当事人、利害关系人角度对财产处分、移送执行、移送执行后的处分等进行监督，一定程度上影响了《批复》的适用效果。本文立足当事人、利害关系人权利救济的视角，在辨析、理顺《批复》规定的财产移送执行与执行争议协调关系的基础上，结合现有法律、司法解释的规定，试就人民法院财产移送执行规则的进一步完善展开探讨。

一、《批复》确立的财产移送执行规则与执行争议协调的关系

传统观点认为，人民法院就财产处分权进行的协商、协调属于执行争议协调的范畴。作为具有我国特色的人民法院内部协调制度，执行争议协调规定在

① 刘贵祥、赵晋山、葛洪涛：《〈关于首先查封法院与优先债权执行法院处分查封财产有关问题的批复〉的理解与适用》，载《人民司法（应用）》2016 年第 19 期。

《关于人民法院执行工作若干问题的规定（试行）》第125条至128条。该制度是人民法院依据法律的精神，按照国家大政方针，来理顺各法院之间执行的关系，支持正确的执行，制止错误的不当的执行，或对不同的利益进行合理的分配。① 执行争议协调的程序一般是由争议法院的双方先行协商；协商不成的，报告各自上级法院相互协商；直至最后可以报请共同上级法院协调处理。《批复》出台之前，人民法院的财产移送执行往往通过执行争议协调途径解决。作为人民法院从案件实际情况出发，作出的一种彼此认为合理的选择，执行争议协调程序下的财产处分权确定，没有一定之规。而且，对于经上级法院协商、协调作出的处理决定，有关法院必须执行。因此，对于此类财产处分权的确定，即便当事人、利害关系人认为不合理，甚至对其利益产生实际影响，但由于没有具体、明确的判断规则，当事人、利害关系人无从提出执行行为异议来寻求权利救济。

《批复》的出台使得首先查封法院、优先债权执行法院关于财产移送执行的规则得以具体、明确，改变了人民法院财产移送执行大多通过执行争议协调程序解决的状态，实际上赋予了当事人、利害关系人在优先债权执行法院商请条件下对首先查封法院消极处分财产进行监督的权利。《批复》的四个条文，分别对财产移送执行的条件、移送执行的程序性事项、优先债权执行法院对移送执行财产的处分与分配、两家法院之间争议的协调解决作出规定。从条文内容来看，《批复》第一条、第二条通过明确财产移送执行的条件、优先债权执行法院商请移送的方式及首先查封法院的操作等，确立了符合法定条件下的一律移送原则。对于符合《批复》第一条规定的商请移送执行，首先查封法院应当在收到优先债权执行法院商请移送执行函之日起15日内出具移送执行函，将查封财产移送执行。笔者认为，《批复》是通过明确财产移送执行的具体规则，来解决实践中表现突出的、社会广为诟病的查封财产后不积极采取处分措施的问题。符合《批复》第一条、第二条规定条件的财产移送执行程序，虽然经由优先债权执行法院商请启动，但首先查封法院应当就是否符合移送执行的条件进行审查并作出判断，实质上是首先查封法院按照《批复》第一条的

① 黄金龙：《〈关于人民法院执行工作若干问题的规定〉实用解析》，中国法制出版社2000年版，第354页。

规定就是否将财产移送执行作出了决定。

如果首先查封法院、优先债权执行法院就财产移送执行产生争议，提请共同的上级法院协调，就又回到了执行争议协调层面。《批复》第四条的规定将首先查封法院、优先债权执行法院可能就财产移送执行发生的争议，落脚到传统的执行争议协调制度上。《批复》起草过程中，第四条曾表述为：“‘共同的上级法院在指定执行法院时，应当按照本批复第一条的规定处理’，但在后来讨论中，大家一致认为第一条作为一般规则在逻辑上应适用于整个《批复》，上级法院在协调时当然应予以遵照执行，第四条对此无需重申，只需规定应考虑的例外因素即可。”① 因此，在经由共同的上级法院协调时，不仅存在按照《批复》第一条规定处理的一般规则，也有例外情形。这实际涉及对财产移送执行合理与否的判断，情形比较复杂，确定财产执行法院的标准就不宜过于简单。一般而言，共同的上级法院对于《批复》第一条的规定应当重点予以考虑，但可以根据首先查封债权所处的诉讼阶段、查封财产的种类及所在地、各债权数额与查封财产价值之间的关系等案件具体情况，作出仍由首先查封法院执行的判断。

二、认为首先查封法院的行为不符合《批复》第一条确立的财产移送执行规则，当事人、利害关系人可以提出执行行为异议

《批复》第一条、第二条分别对财产移送执行的实质要件、形式要件作出规定。对于欠缺形式要件的商请移送执行，可以通过要求优先债权执行法院补充材料予以完善；对于不符合实质要件的商请移送执行，首先查封法院不能将财产移送执行，而应尽快进行处分。因此，收到优先债权执行法院的商请移送执行函后，首先查封法院应当严格按照《批复》的规定对财产移送执行的实质要件是否已经成就进行判断。对于不符合《批复》规定的移送执行实质要件，而决定移送的，当事人、利害关系人能否提出执行行为异议？对此，《批复》未作规定。实务中，存在两种观点：一种观点认为，《批复》规定的财产移送执行仍系人民法院就执行争议事项进行的协商、协调，不属于民事诉讼法

① 刘贵祥、赵晋山、葛洪涛：《〈关于首先查封法院与优先债权执行法院处分查封财产有关问题的批复〉的理解与适用》，载《人民司法（应用）》2016 年第 19 期。

第二百二十五条规定的执行行为范畴，不能提出执行行为异议；另一种观点则认为，《批复》规定的财产移送执行看似人民法院就执行争议事项进行的协商、协调，但其实质系首先查封法院根据《批复》规定的财产移送具体规则进行审查判断，进而作出了决定移送执行的行为。对于按照《批复》第一条规定进行的财产移送执行，可以提出执行行为异议。笔者同意后一种观点。理由如下：第一，《批复》第一条对于人民法院的财产移送执行规定了具体条件和程序，首先查封法院、优先债权执行法院均须据此判断财产移送执行的实质要件是否已经具备。如果条件具备，则应当移送；如果条件不具备，则不能移送。财产移送执行规则的具体、明确，使得《批复》所规定的财产移送执行与执行案件指定执行、提级执行甚至是执行争议的协调等人民法院内部的统一管理性事项存在显著区别。第二，根据《批复》的规定，首先查封法院就财产移送执行的，应当告知当事人。从法理上讲，可视为首先查封法院已就财产移送执行作出了决定，而这个决定会对当事人、利害关系人的利益产生实质影响，当事人、利害关系人自然有权提出执行行为异议。第三，作为通过公权力保障民事利益的程序，人民法院执行工作应当坚持“法无授权不可为”原则。由首先查封法院处分财产，是执行程序遵循的一般规则，《批复》规定的情形属于例外，在决定是否将财产移送执行时自然应当严格把握。允许当事人、利害关系人提出执行行为异议，是对执行程序的最有力监督，也是确保让每一个当事人在执行案件中感受到公平正义的应有之义。因此，当事人、利害关系人认为首先查封法院的财产移送执行不符合《批复》规定条件的，可以提出执行行为异议，以寻求权利救济。

对于首先查封法院而言，既可能在不符合《批复》规定的条件下作出将财产移送执行的决定，也可能在符合《批复》规定的条件下拒绝将财产移送执行。对于后者，优先债权执行法院的债权人等能否提出执行行为异议，以寻求权利救济呢？一般而言，首先查封法院拒绝将财产移送执行有两种表现形式：一是明确作出不同意将财产移送执行的意思表示；二是对于是否将财产移送执行不进行答复。对于第一种表现形式，可视为首先查封法院作出了不同意移送执行的决定，当事人、利害关系人自然可以提出执行行为异议。对于第二种表现形式，当事人、利害关系人如何寻求权利救济？有的地方法院专门出台规范性文件，规定“首先查封法院应于10日内回函，除有正当理由外，应当同意移送；逾期不回函的，视为同意移送”。①笔者认为，“视为同意移送”对于解决首先查封法院怠于作出移送执行的意思表示问题，可能有所助益，但难以有效解决。原因如下：首先，该规则仍是从人民法院执行争议协调的角度出发作出规定，无法调动当事人、利害关系人的积极性，也无从实现当事人、利害关系人对人民法院执行行为的有效监督。其次，“视为同意”属于事实认定问题，民事审判实践对此尚认识不一、争议频发。在执行程序中直接予以援引或适用，尤其是在轮候查封法院不唯一且均要求将财产移送执行的情形下，可能引发人民法院之间对于财产处分权归属更大的争议。再次，在首先查封法院不答复的情形下，轮候查封法院依据“视为同意”认为自己享有财产处分权，进而推进执行程序，在执行案件的实际操作层面将面临巨大障碍。笔者认为，对于首先查封法院怠于或者拒绝就是否将财产移送执行作出答复的，当事人、利害关系人可以提出执行行为异议，以寻求权利救济。首先查封法院应当作出答复但怠于作出答复或者拒绝作出答复的，属于消极执行行为。对于消极执行行为，法律、司法解释已经赋予当事人、利害关系人提出执行行为异议的权利，以寻求救济：第一，违法执行行为的表现形式分为积极作为和消极不作为，民事诉讼法第二百二十五条规定的执行行为违反法律规定包含消极不作为的情形。第二，一般情形下，对于消极执行行为，当事人可通过民事诉讼法第二百二十六条规定的途径寻求权利救济，但也不排除其通过民事诉讼法第二百二十五条规定的途径寻求权利救济。在出现法定事由的情况下，当事人既可以任选其一，也可以分别通过两种不同的救济途径维护自己的合法权益。② 第三，根据民事诉讼法第二百二十六条的规定，只有案件的当事人才可以启动执行督促程序。另案的债权人虽为利害关系人，却不能对人民法院怠于或拒绝作出将财产移送执行的决定提出执行督促。第四，《最高人民法院关于人民法院办理执行异议和复议案件若干问题的规定》第五条第一款规定，“有下列情形之一的，当事人以外的公民、法人和其他组织，可以作为利害关系人提出执行

① 陈镇：《福建高院出台文件 着力破解轮候查封执行僵局》，载《人民法院报》2018年7月8日。

② 江必新主编：《新民事诉讼法理解适用与实务指南》，法律出版社2012年版，第851页。

行为异议：（一）认为人民法院的执行行为违法，妨碍其轮候查封、扣押、冻结的债权受偿的；……”从立法目的来看，该条主要是为了解决在先查封法院的执行行为影响轮候查封案件的债权人受偿的问题。因此，他案债权人认为首先查封法院的执行行为违法，妨碍其轮候查封债权受偿的，可以提出执行行为异议。① 举轻以明重，连另案的普通债权人认为首先查封法院的消极执行行为妨碍其债权受偿，都可以提出执行行为异议，优先债权执行法院的债权人自然有提出执行行为异议寻求救济的权利。

三、完善财产移送执行规则，还应进一步明确财产处分的上级法院督促、同级法院催促程序

在理论层面，由首先查封法院还是轮候查封法院处分财产，对债权人的权利实现并无影响。对于各债权人而言，其权利冲突应当发生在案款分配及参与分配阶段。之所以明确规定由首先查封法院进行财产处分，无非是防止人民法院在财产处分上产生争议，影响执行工作质效。但在实践层面，由于地方保护主义等多种因素的存在，人民法院未及时处分财产的现象仍然存在。无论是执行争议协调，还是财产移送执行规则的确定，都是为了解决财产处分效率不高的问题。当事人、利害关系人最关注的，还是人民法院处分财产的进程。由首先查封法院还是优先债权执行法院处分财产，不过是一种财产移送执行规则的确定或者人民法院基于案件实际情况对由哪家法院进行财产处分更为适宜的判断。这一判断是否真正有利于债权人权利的实现，尚不可知。为进一步完善财产移送执行规则，无论执行异议审查或执行争议协调的结果如何，人民法院还应着重在加快财产处分的进程上下气力。《批复》的亮点不仅在于其就首先查封法院与优先债权执行法院的财产移送执行规则作出了规定，还在于其明确规定共同的上级法院可以决定由首先查封法院继续进行财产处分，但应当督促其在指定期限内完成财产处分。笔者认为，这一规则不仅应适用于执行争议协调，也应适用于首先查封法院、优先债权执行法院按照《批复》规定进行的财产移送执行。即财产移送执行经由共同的上级法院进行执行争议协调的，共

① 江必新、刘贵祥主编：《最高人民法院关于人民法院办理执行异议和复议案件若干问题的规定理解与适用》，人民法院出版社 2015 年版，第 73 页。

同的上级法院不仅应确定由哪家法院进行财产处分，还应当密切关注财产处分的进程，督促下级法院在法定期限内完成财产处分；首先查封法院、优先债权执行法院通过财产移送执行规则确定财产处分法院的，负责进行财产处分的法院应当加快处分进程。其他法院也要及时进行催促，以切实保障各债权人的合法权益。

四、结语

财产处分工作质效对于债权人的权利实现影响重大，而财产移送执行问题不仅涉及合法性的判断，还涉及合理性的判断。《批复》确立了首先查封法院、优先债权执行法院将财产移送执行的具体规则，规定了共同的上级法院协调过程中需重点考量的因素，也明确了共同的上级法院负有督促完成财产处分的责任。但移送执行只是手段，加快财产处置进程、高效规范实现债权才是目的。有效解决财产处分中的消极执行问题，还要在固化现有成果的基础上，充分调动当事人、利害关系人的积极性，实现对人民法院执行工作的有效监督。同时，上级法院也要适时进行指导、督促，确保财产处分工作的有力、顺利推进。

[新类型疑难案例选评]

黄某某诉刘某某、陈某某等案外人执行异议之诉案

林巧玲*

【裁判要旨】

因不具备在某行政区域购买商品住房资格，为规避住房限购政策故而以他人名义购买房产的，虽然借名购房合同的效力不会因存在规避政策行为而受到否定性评价；但购买人基于借名购房合同所享有的权利违反国家政策也违反了《最高人民法院关于人民法院办理执行异议和复议案件若干问题的规定》第二十四条权利合法性原则而不产生排除执行的效果，即真实权利人识别并不必然达到排除执行的法律效果，实际购房人不能根据借名买房协议的约定直接取得房屋所有权。

【基本案情】

原告：黄某某。

被告：刘某某。

被告：陈某某（暨原厦门市湖里区××涮涮屋的个体经营者）。

被告：洪某某。

被告：丰泽区××餐饮店。

---

* 作者单位：福建省厦门市中级人民法院。

被告（被上诉人）：丰泽区××餐饮店。

厦门市集美区鱼福二里××号403室房产由黄某某出资购买，尚未办理房屋权属登记，案涉房产买卖合同备案登记的买受人为刘某珍。一审法院立案受理刘某某与陈某某、洪某某、厦门市湖里区××涮涮屋、丰泽区××餐饮店房屋租赁合同纠纷案，案号（2016）闽0206民初2237号，一审法院依据刘某某提出的诉讼保全申请查封了案涉房产，黄某某于2016年9月7日对查封案涉房产提出书面异议，一审法院于2016年9月20日裁定驳回黄某某的异议请求，黄某某在法定期限内向一审法院提起案外人执行异议之诉。

黄某某诉称：2014年3月，其因房产限购政策影响，无法以自身名义在厦门地区购房，故以刘某珍名义购得讼争房产。讼争房产的首付款由黄某某转账支付给开发商，按揭贷款以刘某珍名义办理，黄某某每月将按揭款汇至刘某珍贷款账户至今。讼争房产交付后，由黄某某进行装修，物业管理费，水、电费等费用均由黄某某支付，黄某某实际占有、使用讼争房产，黄某某应是讼争房产的真实权属人。请求：判令不得执行黄某某实际所有的位于厦门市集美区鱼福二里××号403室房产。

刘某某辩称：湖里区人民法院依据刘某某的申请对刘某珍名下房产保全并无不当，黄某某的申请不能成立。依据物权法法定公示原则，讼争房产系刘某珍名下，黄某某称其是讼争房产的所有人，并无法律依据。黄某某提交的证据是其与刘某珍内部的关系，不能对抗第三人，更不能对抗物权登记。黄某某的诉求不能成立。

陈某某、洪某某、厦门市湖里区××涮涮屋、丰泽区××餐饮店辩称：其均确认讼争房屋是黄某某所有的，系黄某某借用刘某珍名义购房，同意黄某某的意见。

【审判结果】

厦门市湖里区人民法院经审理认为，根据《最高人民法院关于人民法院办理执行异议和复议案件若干问题的规定》第二十五条关于民事执行中案外人异议审查标准和第二十六条对案外人依据另案生效法律文书对执行标的提出异议的审查标准的规定，案涉房产备案登记在刘某珍名下，体现案涉房产权利人为刘某珍，黄某某虽举证证明由其出资购买案涉房产，但目前尚没有生效法律文书确认黄某某为案涉房产的权利人，黄某某以借名购房，实际为房产权利人为由主张排除对案涉房产的执行，依据不足，依法不应支持。判决：驳回黄某某的诉讼请求。

宣判后，黄某某不服，提起上诉。

厦门市中级人民法院经审理认为，黄某某请求不得执行位于厦门市集美区鱼福二里××号403室房屋能否得到支持，应当根据《最高人民法院关于人民法院办理执行异议和复议案件若干问题的规定》第二十四条的规定进行判断。根据该规定，对案外人提出的排除执行异议，人民法院应当审查下列内容：（一）案外人是否系权利人；（二）该权利的合法性与真实性；（三）该权利能否排除执行。民法通则第六条规定："民事活动必须遵守法律，法律没有规定的，应当遵守国家政策。"本案中，讼争房屋备案登记在刘某珍名下。黄某某以其因房产限购政策影响，无法以自身名义在厦门地区购房，故以刘某珍名义购得讼争房产的理由，则存在规避限购政策，且至今未办理房屋过户登记手续，不具有讼争房屋权利人。判决：驳回上诉，维持原判。

［评析］

规避政策的民事行为不能成为阻却强制执行的依据

一、借名购房的司法认定

借名购房是指实际购房人以名义购房人之名义购房，并将房屋登记在名义购房人名下的行为。其产生的主要原因有：规避政策主要是限购政策，或取得具有特定身份的优惠，或转移财产逃避债务。

在现行的法律体系的规定而言，对于借名购房并不禁止。名义购房人与实际购房人之间达成的借名购房协议本质上属于委托合同关系，当事人即便存在通过借名买房规避限购政策的行为，由于该行为没有违反法律法规的强制性规定，因而当事人之间的合同关系应认定为有效。但是实际购房人与名义购房人之间关于房屋所有权归属的约定只能约束合同双方当事人，没有直接设立房屋所有权的法律效力。实际购房人不能根据借名买房协议的约定直接取得房屋所有权。

在本案当中，根据查明的事实，黄某某与刘某珍之间的借名购房是以事实合同方式存在的，其是规避限购政策行为，并未违反效力强制性法律法规的规定，故而对于合同效力，依法不应予以否定性评价，但对于民事行为而言，可作出否定性评价。

二、借名购房的权利人认定规则及其适用

借名买房纠纷中，借名人主张房屋确权最主要的理由之一就是房屋的“真实权利状态与登记状态不一致”，其为该房屋的真实权利人。“真实权利状态与登记状态不一致”存在的可能性或制度根源在于，法律赋予不动产登记（簿）在不动产物权的归属和内容的认定上具有权利推定效力，这就意味着不动产登记（簿）记载的物权权属状态并不总是会与真实物权状态相一致。

《中华人民共和国物权法》第十六条规定：“不动产登记簿是物权归属和内容的根据。”就登记生效的物权变动而言，该条规定包含了不动产登记（簿）的推定力是指法律上的权利推定效力及其本质上是对证明责任的分配的两层含义。目前司法实践领域对权利人的认定可归结为如下两类规则。

物权说认为，若根据当事人提供的购房款支付、房贷的偿还、双方之间关于借名买房及所有权归属的约定等证据，能够证明在双方之间形成了借名买房关系，则当事人之间的真实意思是借名人购买房屋并取得所有权，名义购房人虽然根据相应的房屋买卖合同等文件被登记为房屋所有权人，但这并非当事人的真实意思表示，据此作出的权属登记因此而不具有原因行为的基础，从而导致最终形成的登记权利状态与真实权利状态不一致，此时，不动产登记簿的权利推定力将因有证据证明权属的真实状态而遭到否定，从而应回归真实权利状态，故当事人请求确认物权的，应予支持。

债权说认为，在借名买房中，名义购房人与第三人之间的房屋买卖合同是真实有效的，并且已经基于这一基础法律关系完成了房屋所有权登记，故是唯一合法的房屋所有权人，实际购房人与名义购房人之间关于房屋所有权归属的约定只能约束合同双方当事人，没有直接设立房屋所有权的法律效力，实际购房人不能根据借名买房协议的约定直接取得房屋所有权。

笔者认为，前述两类规则适用领域有区别，物权说规则适用于涉及第三人情形时（如本案例讨论的执行异议之诉），则可衡平保护各方当事人的合法权益；债权说规则适用于借名合同履行纠纷时，即可从合同履行状态保护当事人的合法权益。

在本案当中，涉及借名购房合同关系外的第三人申请人民法院查封了案涉

房屋，故而在审理当中，应对购房款支付、房贷的偿还、双方之间关于借名买房及所有权归属的约定等证据进行实体审查，识别案涉房屋的真实权利人归属。根据黄某某所提供的证据，可以认定黄某某是实际购房人，刘某珍是名义购房人，但真实权利人识别并不是必须达到排除执行的法律效果。

三、借名购房与排除执行

《最高人民法院关于人民法院办理执行异议和复议案件若干问题的规定》第二十四条对关于案外人异议审查内容作出了统一的规定。

首先，案外人必须是其所主张的实体权利的权利人，也就是说，其必须和异议的事项存在实体上的利害关系。

在借名购房法律关系当中，人民法院依法应审明借名购房合同是否成立、生效，即案外人是否为实际购房人。

其次，案外人的实体权利是真实存在且合法，亦不违反国家政策，不违背公序良俗。人民法院不能保护虚假、违法或违反国家政策、违背公序良俗的法律。

在借名购房法律关系当中，必须审查借名购房的产生的原因，并对该民事行为进行法律上的评价，即便是借名购房合同合法有效的，并且案外人亦可被认定为实际购房人，但因其民事行为违反了国家政策或违背了公序良俗，那么该权利依法不应受到人民法院的保护。

最后，这种权利能够排除申请执行人实现的债权。从实践看，能够产生排除效力的实体权利主要包括四类：所有权、物权期待权、特殊的担保物权和租赁权和用益物权。

一般认为，在借名购房合同当中，实际购房人系以其为所有权人为由提出排除执行，虽然实际购房人不是经登记的所有权人。

如江苏省高级人民法院印发的《执行异议之诉案件审理指南》第 19 条的意见：案外人以其与被执行人之间存在借名买房关系为由主张对登记在被执行人名下的执行标的停止执行的，如何处理？

人民法院针对登记在被执行人名下的房屋实施强制执行，案外人以其与被执行人存在借名登记关系，其系房屋实际所有权人为由，请求对该标的物停止执行并确认所有权的，原则上不予支持。但是案外人有充分证据证明被执行人只是名义产权人、案外人才是真正产权人，且不违反国家利益、社会公共利益的除外。在此类案件的审判实践中，要对借名登记关系成立与否从严审查，防止被执行人与案外人以此为由逃避债务、规避执行。

回到本案当中，虽然根据案件审理查明，黄某某系实际购房人，但因其对案涉房屋所享有的权利系基于违反国家政策而取得的，即使其与刘某珍的借名购房合同的效力不会受到否定性评价，但该权利依法不产生排除执行的法律效果。

张某等人诉财政部驳回行政复议申请决定案

张婷婷*

【裁判要旨】

1. 罚没收入的缴款人能否直接以财政部门作为义务对象请求退付，取决于各地关于退付程序的具体规定。如果相关规定没有排除缴款人向财政部门的退付请求权，则应认定财政部门系缴款人退付请求权的直接义务对象。

2. 退付的申请是否经由执收单位提出、款项是否经由执收单位退付等属于退付的具体流程问题，不影响缴款人与财政部门之间退付法律关系性质的认定。

3. 缴款人请求财政部门退库，其性质属于公民、法人或者其他组织直接请求行政机关履行给付义务，属于行政复议的受理范围。

【基本案情】

原告：张某等四人。

被告：中华人民共和国财政部。

原告张某等人因向广西财政厅申请退还其2011年被公安机关征缴的罚没

* 作者单位：北京市第一中级人民法院行政审判庭。

收入，引发行政争议。广西财政厅告知张某等人，已将涉及张某的300余万元罚没收入作退库处理，款项已退还至广西公安厅账户。原告不服该处理行为，向被告财政部申请行政复议，要求广西财政厅履行退库职责，将款项退还原告，并予以赔偿。2017年4月21日，被告财政部作出《驳回行政复议申请决定书》（财复议〔2017〕72号，以下简称被诉复议决定），主要内容为：（1）在收到广西公安厅提出的退库申请后，广西财政厅依照相关规定，按原缴款渠道将该笔款项退回至广西公安厅的做法并无不当。（2）作为政府非税收入的省级主管部门，广西财政厅对公安机关汇缴的缉毒罚没收入进行征收管理是依法履行职责，根据广西公安厅的申请履行退库、退付程序亦符合相关规定，并且广西财政厅并非对张某作出行政处罚的机关，原告认为广西财政厅违法并要求赔偿没有事实和法律依据。被告认为原告的行政复议申请不属于行政复议范围，驳回了原告的行政复议申请。原告不服被诉复议决定，向本院提起行政诉讼，请求撤销被诉复议决定，责令被告受理其行政复议申请。

【裁判结果】

北京市第一中级人民法院审查认为，原告的行政复议申请是否属于行政复议的受理范围，取决于政府非税收入的缴款人，能否直接以财政部门作为义务对象请求退付。

关于政府非税收入的退付程序，《政府非税收入管理办法》（财税〔2016〕33号）第三十一条规定："已上缴中央和地方财政的非税收入依照有关规定需要退付的，分别按照财政部和省级财政部门的规定执行。"由于财政部目前对于政府非税收入的退付程序没有更具体的规定，因此各省级财政部门的退付程序需要进一步考察各地的具体规定。《广西壮族自治区政府非税收入管理条例》（以下简称广西非税收入条例）第十二条第二款规定，"对因调整政府非税收入征收标准需要退还已收款项的，以及经依法确认属于误缴误征、多缴多征的政府非税收入，财政部门应当及时退还缴款人"。就上述规定中"财政部门应当及时退还缴款人"的表述来看，在缴款人与财政部门之间就政府非税收入的退付存在直接产生权利义务关系的可能性。

因此，应当认定缴款人具有直接向广西财政厅要求退付的请求权，至于退付的申请是否经由执收单位提出，或者退付的路线是否还需要经过执收单位等，均属于退付的具体流程问题，并不影响法律关系性质的认定。至于《广西壮族自治区本级非税收入收缴管理制度改革试点办法》（以下简称试点办法）第三十五条规定非税收入退付由“由区直主管部门统一报自治区财政厅审批”，由于广西非税收入条例晚于试点办法，且试点办法也只适用于其中列明的试点单位和部门，没有相应的规定表明本案涉及的退付事项适用上述试点办法，因此上述试点办法的规定不影响本案的认定结论。本案中原告要求广西财政厅处理其退库请求，应当属于行政复议的受理范围。被告认定原告的行政复议申请不属于复议范围，主要证据不足、适用法律错误。

综上，原告请求撤销被诉复议决定的诉讼请求成立，被告应当在法定期限内对原告的行政复议申请及一并提出的行政赔偿请求重新予以审查处理。根据《中华人民共和国行政诉讼法》第七十条第一、二项以及第七十二条之规定，北京市第一中级人民法院于2017年11月3日判决撤销了被诉复议决定，并责令被告财政部于法定期限内针对原告的行政复议申请及一并提出的行政赔偿请求重新作出行政复议决定。

［评析］

政府非税收入的缴款人对财政部门的退付请求权

根据《政府非税收入管理办法》第三条第一款的规定，罚没收入属于政府非税收入。本案是全国首例涉及政府非税收入退缴国库的行政诉讼案件，在此案之前，政府非税收入的退库程序以及缴款人与财政部门之间的法律关系性质，均无相关案例，财政部作为主管机关对此亦无明确的界定。判断四原告的行政复议申请是否属于行政复议范围，实质是要判断四原告是否具有向财政部门提出退还罚没收入的请求权，进一步讲，需要对政府非税收入退付程序中缴款人与财政部门之间的权利义务关系予以厘清。

一、政府非税收入退付的两种模式

根据《中华人民共和国金库条例实施细则》（以下简称金库条例实施细则）第三章第四节“预算收入的退付”的相关规定，退付的申请人为缴款人，接受退付申请的行政机关为财政部门及征收机关，预算收入退付的具体管理办法，由财政部和中国人民银行总行另行制定。《政府非税收入管理办法》第三十一条则规定，已上缴中央和地方财政的非税收入依照有关规定需要退付的，分别按照财政部和省级财政部门的规定执行。因此，金库条例实施细则和《政府非税收入管理办法》均未对预算收入的退付权利义务关系进行具体明确，需要区分预算层级，对于上缴中央财政的非税收入，按照财政部的具体规定执行；对于上缴地方财政的非税收入，需要具体考察各个地方的管理制度。总体上，目前全国各地对于非税收入的退付，有两种不同的模式：一种是以执收单位为退付义务机关，一种是以财政部门为退付义务机关。

（一）执收单位退付模式

上海、海南、青海等地方采取由执收单位退付的模式。这种模式下，缴款人向执收单位提出退付申请；执收单位是退付义务机关，与缴款人之间直接产生退付权利义务关系。财政部门与缴款人之间不产生直接的法律关系。财政部门基于对非税收入的监督管理职责，对执收单位呈报的退付事项的审核处理，属于非税收入退付程序的内部环节，不对缴款人直接发生效力，而是财政部门与执收单位之间的非税收入内部管理关系。针对退付过程中引发的诸如退付数额、办理程序期限等争议，缴款人应以执收单位为履责主体，提起行政复议或行政诉讼。

（二）财政部门退付模式

由财政部门退付模式的具体规定上，有两种不同的立法模式，一种是以明确规定由财政部门直接退还缴款人，如吉林、湖北；另一种是规定由财政部门退还缴款人，未明确“直接”二字。对这两种立法模式，有观点认为，既然立法上有所区分，就说明，只有规定“直接”二字的情形下，才能认为财政部门与缴款人之间产生退付权利义务关系，对于后一种立法模式，不宜认为财政部门是退付义务主体。这种观点实际是对法律规定的片面理解。姑且不论不同地方在立法技术上是否存在差异，仅从后一种模式下的具体规定表述看，在缴款人与财政部门之间就政府非税收入的退付存在直接产生权利义务关系的可能性。除非还有其他规定能够证明具体制度设计和执行上排除了这一可能性。

二、涉案罚没收入退付法律关系的具体分析

本案原告所主张的退付事项，系依据广西公安机关作出的没收决定而上缴国库的罚没收入。故涉案罚没收入的退付，应按照广西非税收入的退付规定处理。

本案中，广西非税收入条例第十二条第二款规定，“对因调整政府非税收

入征收标准需要退还已收款项的，以及经依法确认属于误缴误征、多缴多征的政府非税收入，财政部门应当及时退还缴款人”。就上述规定中“财政部门应当及时退还缴款人”的表述来看，并未排除缴款人与财政部门之间发生退付权利义务关系的可能性。而除此规定外，广西壮族自治区并没有其他规定能够说明政府非税收入的退付程序采取的是执收单位退付模式。此种情形下，应当认定缴款人具有直接向广西财政厅要求退付的请求权。至于在退付过程中，财政部门与执收单位之间的程序流转事项，则属于财政部门与执收单位之间国库管理的内部事项，不影响财政部门与缴款人之间退付法律关系性质的认定。

三、政府非税收入退付程序的规范和完善

作为首例涉及个人要求返还政府非税收入的行政诉讼案件，通过本案的审理，在全国范围内首次全面梳理了缴款人与财政部门在国库管理关系中的权利义务。同时也发现目前全国政府非税收入的退付程序规定不完善、不统一的问题比较突出。一方面，中央财政一级缺乏具体的程序规定，财政部作为主管机关对此问题尚未形成明确的意见；另一方面，一些地方也缺乏省一级的程序规定，甚至还有一些地方尚未就政府非税收入的退付作出制度安排。总体来看，在当前的政府非税收入分级分类管理体系下，缴款人、财政部门、执收单位之间的权利义务关系，也需要从制度上作出明确的规定。

政府非税收入，尤其是罚没收入，往往存在执收单位与财政部门分离的情况，财政部门同时是执收单位的情形较为少见。因此，如果由财政部门承担退付义务，对于是否符合退付条件等事项，存在审查上的客观困难，需要将执收单位纳入到审查程序中，以查明该项收入收缴和退付的相关事实，客观上势必增加执法成本、降低执法效率，不利于对缴款人合法权益提供及时有效的保障。

考察域外的成熟做法，往往采执收单位退付模式。比如我国台湾地区，通过制定实施“国库收入退还支出收回处理办法”，对退付条件、具体退付程序等进行了统一和明确，其中，执收单位发现有错或“依据法令规定”系启动退付程序的前提条件，是否退付的审查职责在执收单位，财政部门依据执收单位出具的收入退还书，将款项退至执收单位或者经执收单位确认的缴款人指定账户。整个退付法律关系，只发生在执收单位与缴款人之间，有效解决执法成本与效率问题，且对于提高退付审查的准确性和及时性也多有裨益。我国台湾地区的这一制度设计，对于当前规范和完善政府非税收入退付程序，颇具借鉴意义。

《最新法律文件解读》丛书
稿 约

《最新法律文件解读》是一套以为最新法律规范提供同步“解读”为主的系列丛书，分为刑事、民事、商事、行政与执行4个分册，按月出版。

本丛书以“解读”为重点，突出全、专、新、快、准等特点，通过对最新出台的法律、法规、司法解释、部门规章以及重要地方性法规进行同步动态解读，弥补了法律、法规、司法解释汇编类出版物没有同步阐释、解读内容的不足，为广大读者学习理解最新法律规范，正确贯彻执行法律文件，及时解决实践中的新情况、新问题，提供一个全方位、多层面的法律信息平台。

欢迎您向以下栏目赐稿：

【最新法律文件解读】主要是对最新颁行的法律文件进行解读，帮助司法和执法人员正确理解法律文件的立法背景、意义、重点内容、在适用中应注意的问题、与相关法律文件的衔接与互动关系等等。

【司法实务问题研究】主要刊登对司法理论、实务及司法管理工作中的热点、疑难问题进行研究及评论的文章。

【新类型疑难案例选评】主要是对司法和行政执法实践中具有典型性和代表性的疑难案例，结合具体案情以及审理或处理结果进行简练精辟的点评，解析认识问题的方法、处理问题的法律依据和在个案中的具体适用。

【法学前沿与新视点】以摘要的形式刊登相关法学理论研究的最新动态及具有代表性和典型性的前沿问题，扩展法学研究的深度和广度。

【法律适用问题解答】主要针对司法和行政执法实践中面临的新问题、热点问题、疑难问题进行简要的解答，指出涉及的法律关系，明确法律适用依据。

稿件一经刊用，即付稿酬，稿酬从优。

《刑事法律文件解读》	姜 峤	邮箱：bj85250573@126.com
《民事法律文件解读》	丁丽娜	邮箱：dlnlaw@163.com
《商事法律文件解读》	路建华	邮箱：shangshijiedu@126.com
《行政与执行法律文件解读》	张 奎	邮箱：271717306@qq.com

人民法院出版社

《最新法律文件解读》丛书编辑部